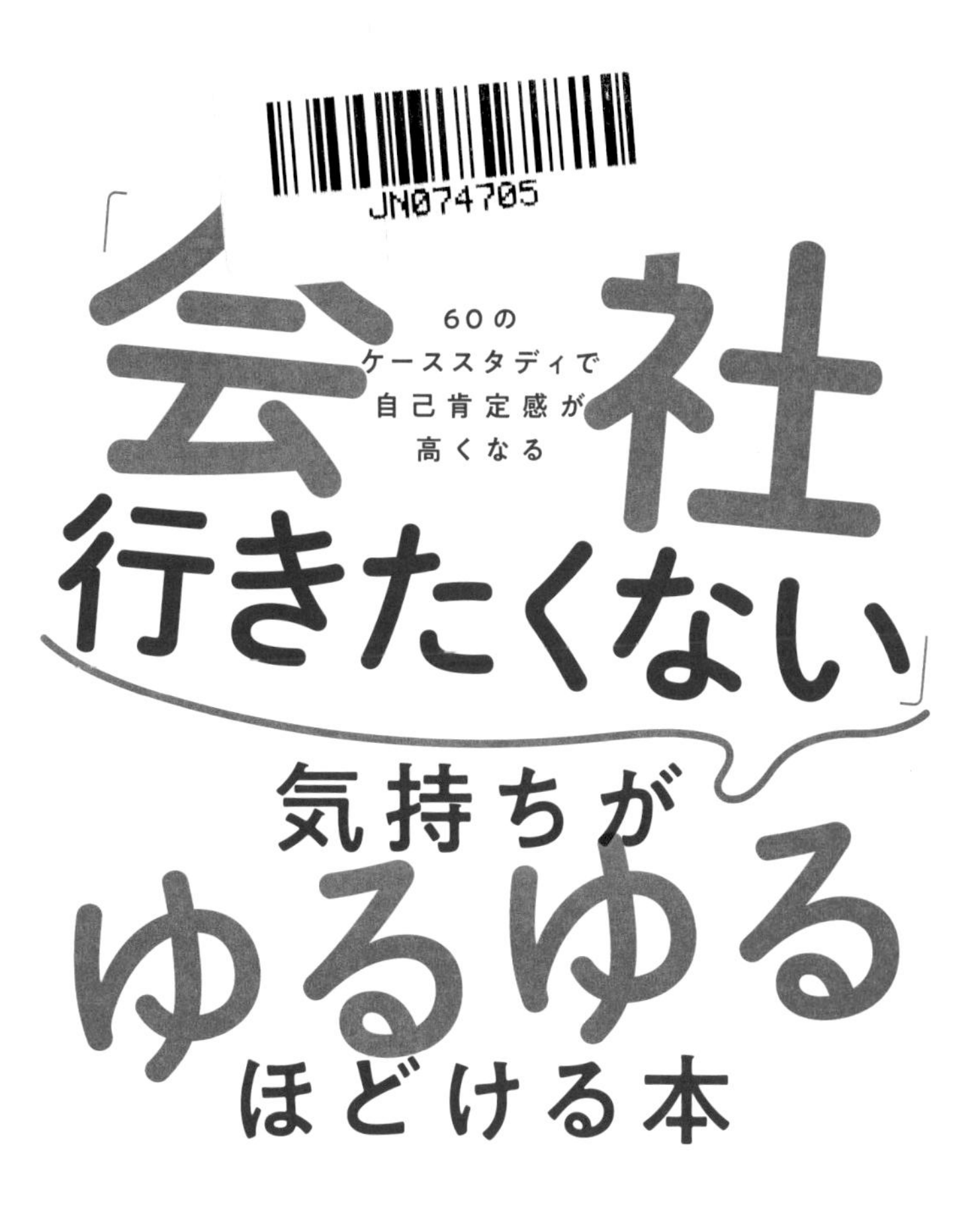

加藤隆行

Kato Takayuki

発売 小学館　発行 小学館クリエイティブ

はじめに

朝起きた布団の中で、仕事のことを考えて気が重くなり、「会社に行きたくない……」と感じてしまう。多かれ少なかれ、誰にでもある経験だと思います。

しかし、それが常態化してしまっているのであれば要注意。

毎日、本音にフタをして、自分を叱咤(しった)し、ガマンして出社を続けているのだとしたら、そのうちカラダもココロも壊してしまうかもしれません。

まあ、今あなたがそこまで深刻な状況ではないとしても、「会社行きたくない……」という気持ち、スッキリと手放せたらいいですよね。

人が「会社に行きたくない」と思うのはなぜでしょうか？　そのほとんどの要因は「人間関係」だと言われています。

「上司からのパワハラじみた言葉がつらい」

「言う通りに動いてくれない部下にイライラする」

「愚痴や陰口ばかり言う同僚にストレスを感じる」

「職場に相談できる人がいない、助け合いの雰囲気がない」

「仕事への意識に世代間ギャップがある、上司が老害だ！」

「ワガママすぎる顧客にうんざりする」


会社にはさまざまな魑魅魍魎（ちみもうりょう）たちがいて、あなたの行く手を阻んできます。

そんな人たちを、人間行動学やパターン分析から「怒りんぼタイプ」「なまけものタイプ」といったタイプ別に分け、対処する方法を書いた本もたくさんあります。実際にとても役に立つものも多いと思います。


一方、本書は、対人関係におけるトラブルを、**「自己肯定感」**というちょっと違った視点から見てみよう！　ということをオススメする本です。

えっ？　上司や部下の話なのに、自分の肯定感？　と感じる方もいるかもしれません。

「自己肯定感」とは、自分を肯定できる感覚、つまり「ありのまま、今のままの自分にＯＫが出せる気持ち」のことを言います。

「ありのままの自分でOK」と思っている人、つまり自己肯定感が高い人は、「不完全な自分でもOKなんだから、あいつも不完全なところがあって当然だよな」と考えることができます。自分を肯定することで相手も肯定でき、人に寛容になることができます。

また自分の思いを大切にできるからこそ、相手の思いも尊重し、大切にすることができ、人といい関係を築けるようになっていきます。

一方、「ありのままの自分でいいはずがない!」「もっとこうあるべき!」と自分に厳しすぎる人は、他者にも厳しく接してしまうことが多くなりがちです。すると良好な人間関係を築くことが難しくなっていきます。

自分が自分にどう接しているかが、世界が「私」にどう接するかを決めます。それは「私」だけでなく、相手自身、上司や部下にも適用されるルールです。

人間関係をお互いの「自己肯定感」から理解することで、魑魅魍魎にあふれていた世界は、どんどんシンプルに感じられるようになっていきます。

本書では、会社にしんどさを感じている人が、職場で自己肯定感を育てながら、あらゆる人間関係に取り組んでいく方法を、3人の登場人物と一緒に楽しく学んでいきます。

ボクの運営するメルマガ読者さんなどから集めた60の実際のケースを使い、「どうしようもない自分」「ややこしい部下」「めんどくさい上司」に対する実践的な対処法やヒントをお伝えしていきます。

自分との人間関係がいい人は、他者との人間関係もよくなります。

自己肯定感は「メンタルの土台」となるものです。人としての土台がしっかりすると、他人に振り回されることもなくなります。

本書を読むことで、「会社行きたくない……」という重～い気持ちが、ゆるゆるとほどけていくのを体感してみてください。

読み終わったとき、そこにはきっと「会社行きたい！　かも！」と、小さな勇気を手に入れたあなたがいると思います。

令和3年2月

心理カウンセラー　加藤隆行（かとちゃん）

目次

第2章

「自分自身」がドーショーモナイ！

ケーススタディ1～12

第3章

「部下・同僚」がヤヤコシイ！

ケーススタディ13〜22

第4章
「上司・顧客」がメンドクサイ！
ケーススタディ23～32

第5章 会社のお悩み一問一答

ケーススタディ33～60

序章

会社なんか行きたくない！

登場人物紹介

かとちゃん

脱サラ心理カウンセラーで、この本の著者。IT系大手企業に約20年勤務し、うつや病気による3度の休職を経験。そうした実体験をもとに、現在は「大人の自己肯定感を育てるプロフェッショナル」として、悩める人たちの心に寄り添う。今回はさとるに誘われて、同期3人が集まる会に参加。

さとる

いつも人間関係に恵まれて働いており、社内はもちろん取引先からの信頼も厚い。悩むこともあるが、あまり引きずることはない。口癖は「まあ、なんとかなるか」。

性格は

自己肯定・安心ベースの
【肯定タイプ】

同じ会社の仲良し同期3人組。
入社15年目の中堅社員。

たけし

正義感が強く、誰もが認める努力家だが、ワーカホリック気味。仕事はできるが、社内外で意見がぶつかることが多く、敵を作りやすい。口癖は「できて当たり前」。

性格は

自己否定・恐れベースの
【反抗タイプ】

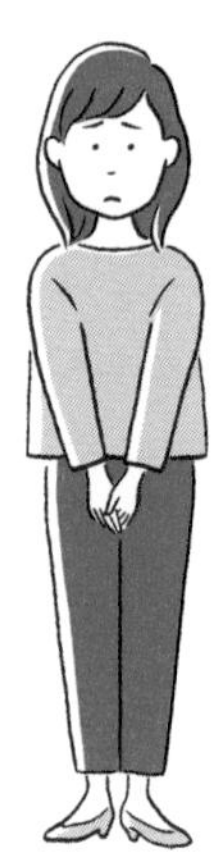

しおり

人見知りでおとなしいが、いつも優しく、後輩の面倒見もいい1児の母。ただ、何事にもくよくよ悩んだり、自己犠牲をしたりする一面も。口癖は「私なんて」。

性格は

自己否定・恐れベースの
【悲観タイプ】

どうして私たちは会社に行きたくないのだろう

今日は同期入社の仲間3人が、半年ぶりに集まる飲み会です。楽しい会になるはずが、さっそく会社のグチが始まってしまいました。

ああ、もう！　あのお客さん、ワガママばっかりでホントに腹が立つ！　上司はお客さんの言いなりだし、部下も言うこと聞かないし、もううんざり。こんな仕事、もう辞めたいよー。

私も、新しい部署に配属になってから、全然仕事についていけないの。上司にも怒られてばかりだし……。一生懸命やっているんだけどな……。

やあ、遅れてゴメン。あ、ボクも生ビールお願いしまーす！
最近みんな忙しかったから、久しぶりに集まれてうれしいよ。でも、2人ともどうしたの？　なんだか浮かない顔して……。

しおりもオレも、**もう「会社行きたくない！」**って、いつものグチだよ。こんなこと言っていてもしょうがないんだけどさ。ま、でも会社ってそういうもんだよな。

たけしは昔からの大口顧客の担当だから、人間関係のしがらみも多そうだし、しおりは新規事業開拓の部署だから、会社からのプレッシャーもあって大変だよね。

さとるは、最近いつも楽しそうにしているわよね。さとるの部署も忙しいって聞いているけど、上司とも部下ともうまくいってそう。何か秘訣（ひけつ）があるの？

そう言えば、今度また昇格するらしいじゃないか！　さとるだけうまくいっててズルい！　なあ、何かコツがあるなら教えてくれよ！

まあまあ、落ち着いて！　ボクだってまだまだ試行錯誤しながらやっているところなんだけど、ある人に**「自己肯定感」**という言葉を教えてもらってから、ずいぶんとラクに働けるようになったんだ。

「自己肯定感」か。聞いたことはあるけど、詳しくはわからないな……。

今日は大切な同期の2人が悩んでいるって聞いていたから、実はアドバイスをもらえる人を連れてきたんだよ。

ああ、そういえばゲストを連れてくるって言っていたよね。

こんばんは！　心理カウンセラーのかとちゃんです。ボクは**「大人の自己肯定感を育てる」**をテーマに活動していて、今日は「会社行きたくない！」と思っているみんなの力になれればと思ってお邪魔しました！

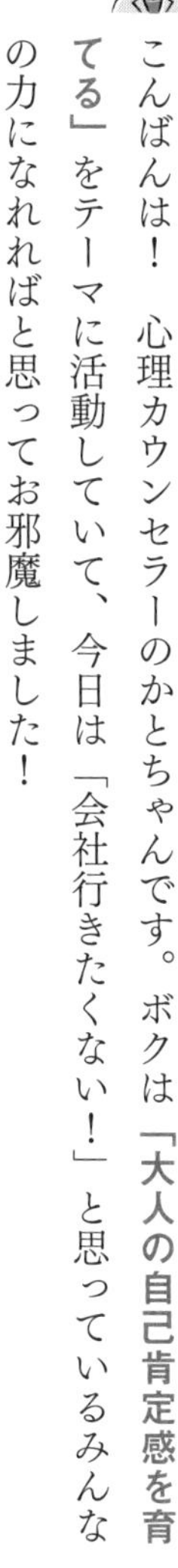

わー、心理カウンセラーの人って初めて会います！

さとるがうまくいっている秘訣なら、ぜひ知りたいです！　よろしくお願いします！

こちらこそ！　「自己肯定感」を上手に育むことができれば、**人間関係は今よりずっ**

とスムーズになるし、会社でももっと楽しく働けるようになっていきますよ。今日は「出張カウンセリング」で、そんな話をさせてもらえればと思います！

かとちゃんの話はおもしろくて、**「そう考えればよかったんだ！」**という発見がたくさんあって、悩みがスーッと晴れるんだ。今日は金曜だし、みんなでじっくり話を聞かせてもらおう！　ボクからも、改めてよろしくお願いします！

第1章

「自己肯定感」って なんだろう？

職場で「安心・安全」感じていますか？

じゃあ、さっそく始めようか。まず、みんなは職場で「安心」や「安全」を感じながら働けているかな？「くつろいで」「自由を感じて」「楽しく」とかでもいいけど。

うーん、私は、上司がよく怒る人だから、それだけで「安全」は感じられないですね。むしろ周囲が優秀で、置いていかれるんじゃないかといつも焦っています。

今の仕事は忙しすぎて「安心」なんか感じているヒマはないし、このご時世だから、会社や仕事自体もどうなるかっていう心配や不安の方が大きいよ。

ボクは大変なこともたくさんあるけど、今の仕事は、やりがいがあって楽しんでいるから「充実」している。それって、仕事内容や環境の違いなのかな？

もちろん環境の違いも大きいんだけど、要因は他にもあるんだ。たとえば、しおりさ

んの部署では「安心」して楽しそうに働いている人はいない？

隣の席の先輩はいつも前向きで楽しそうにしているわ。先輩みたいになりたいけど、それって性格の違いでしょ？

じゃあさ、**性格は変えられる**って言ったら、みんなどう思う？

変えられたとしても、すごく大変なんじゃない？

私は無理かなぁ。小さい頃から、なんでも悲観的にとらえちゃう性格だから……。

実は、みんなが「性格」と言っているものって、活発、物静か、みたいなもともとの気質の部分もあるんだけど、**ほとんどが過去に作った「ココロのクセ」**なんだ。

ココロのクセ？

ボクは、かとちゃんに言われて自分のココロのクセに気付いて、まさに「安心・安全」を感じられるような考え方を取り入れている最中なんだ。

「自己肯定感」の仕組みを知ろう

さて、じゃあ今日の本題「自己肯定感の仕組み」を説明するね。たけしくんとしおりさんの2人は、自分の自己肯定感は高い、低い、どちらだと思う？

私はなんだかいつもクヨクヨしてしまうし、仕事にも自信がない。だから自己肯定感は低いですね。

オレは、自己肯定感は高いと思う。仕事でも成果を出しているし。だけど、会社の人間関係はうまくいってない……。それは自己肯定感が低いからってことなの？

なるほど。順を追って説明するね。自己肯定感というのは、その名の通り「自分を肯定できる感覚」のこと。**「ありのままの自分をそのまま受け入れて、自分にＯＫ（肯**

定）が出せている状態」や「**自分に対しての肯定的な態度**」のことを言うんだ。人間のメンタルの根幹を支えている部分と言ってもいい。

私は、ありのままの自分にOKを出すなんてとても無理だわ。

ありのままでいいわけないよね。人は常に努力してもっと成長しなきゃ。

そうだね、成長はできるといいよね。ただ、「ありのまま」というのは「**自分にリラックスしている状態**」とも言い換えられる。つまりは、さっき言った「**自分に安心・安全を感じられている状態**」のことなんだ。

なるほど。リラックスできるなら、その方がいいよね。でも横柄なお客さんや、言うことを聞かない部下の前で、常にリラックスはできないよ。

アロマを焚（た）いたり、エステに行ったりしたときは、それなりにリラックスできるけど、普段は緊張でガチガチ。肩こりもひどいわ。

ボクはずいぶんと自分にリラックスできるようになってきたよ。リラックスしているからココロに余裕ができて、上司や部下にも寛容になってきた感じ。

いいなー、私もさとるみたいにリラックスしたい。なんでできないんだろう?

それはね、**「自己肯定」の反対の「自己否定」をしているから**なんだ。

たしかに、私は自分のこと「ダメだなあ」っていつも思ってます。

オレは自己否定なんかしてないよ！　それどころか、仕事はちゃんとできていると思っているし、自分を肯定できている方だと思っているんだけど……。

自分を肯定する方法は２つある

しおりさんは「自分はダメだ」と自己否定していて、たけしくんは「自己肯定できている」と思っている。だけど、２人とも自己肯定感は低いのかもしれない……。それ

はなぜか？　理由はね、自分を肯定する方法が2つあるからなんだ。

2つ？

ひとつは**「仕事ができる」「役職が上がった」「資格を持っている」**といったような、**「条件による肯定」**。これはみんなやっていることだよね。

自信とか自己肯定感って、そうやって積み上げていくものでしょ？

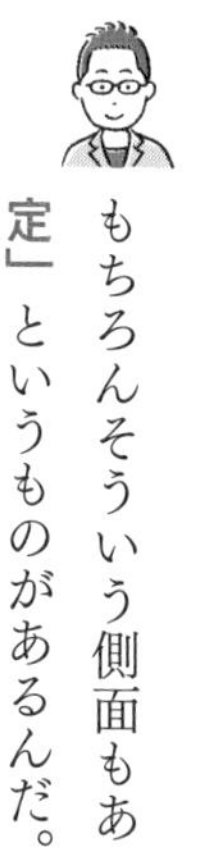
もちろんそういう側面もあるけれど、もうひとつ、**自分自身に対する「無条件の肯定」**というものがあるんだ。

無条件の肯定？

これが、ありのままの自分ということ。つまり**「自分が存在していること自体への肯定」**みたいな感じかな。

自分を肯定する方法は2つある

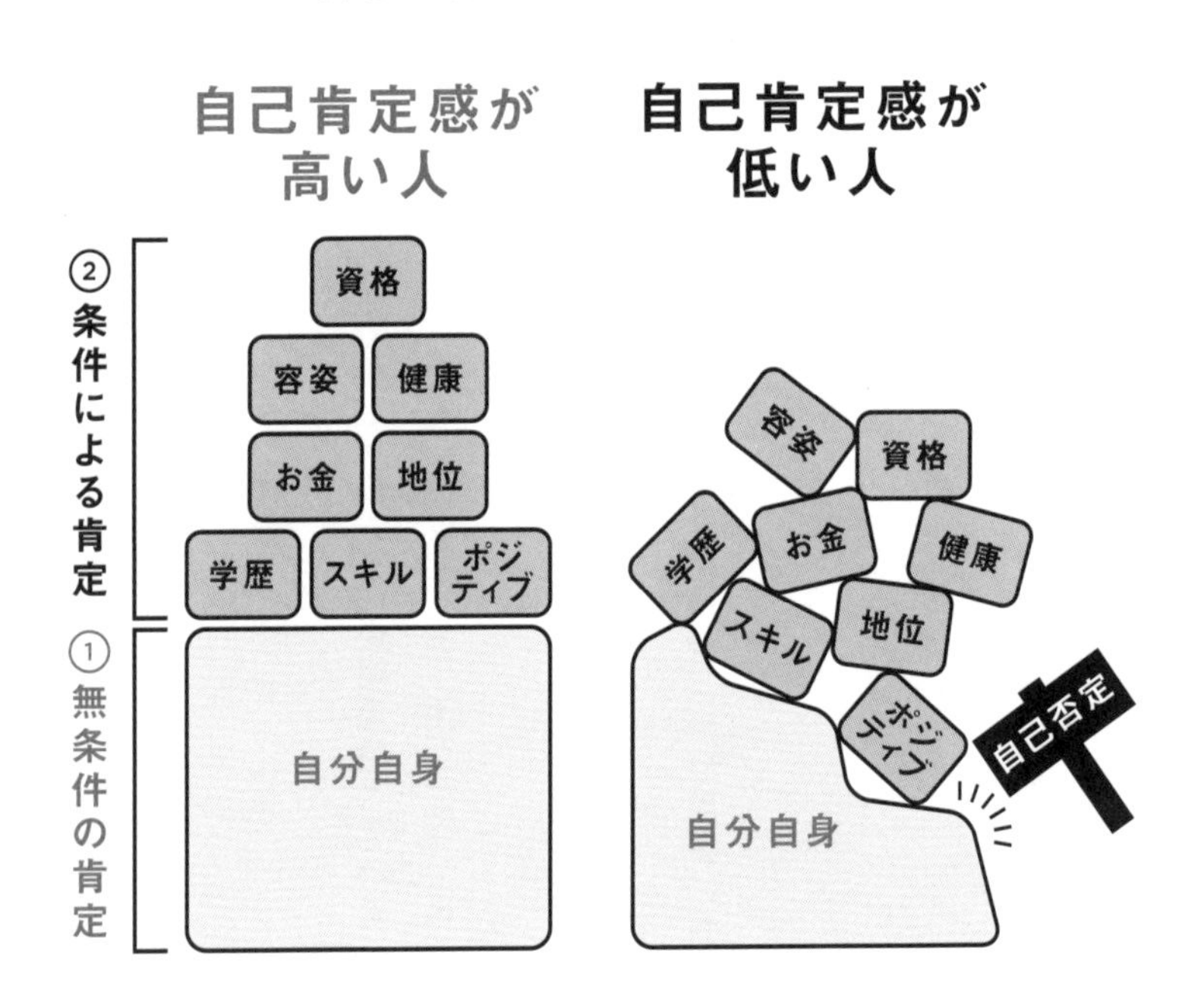

存在への肯定なんて、考えたこともなかったわ。

それでね、右の図を見てほしいんだけど、「②条件による肯定」は「①無条件の肯定」の上に乗っかっているものなんだ。だから「①無条件の肯定」がないと、「②条件による肯定」がうまく積み上がらない。**自己否定しているということは「①無条件の肯定」ができていないということで、土台をガンガン叩(たた)いて自分自身を傷つけている状態**なのさ。

この図、わかりやすい！　私の場合、土台が崩れまくりだわ……。

「条件による肯定」は自分のオプションパーツみたいなもの。あったらもちろんうれしいんだけど、**自己肯定感の本体は自分自身への「①無条件の肯定」の方なんだ**。足場をちゃんと固めないと、モノを積み上げてもすぐ崩れてしまうでしょ？

ボクも以前は仕事での成果や能力といった、「②条件による肯定」ばかりを追い求めていたから、自信もなかったし、自己肯定感も低かったんだ。

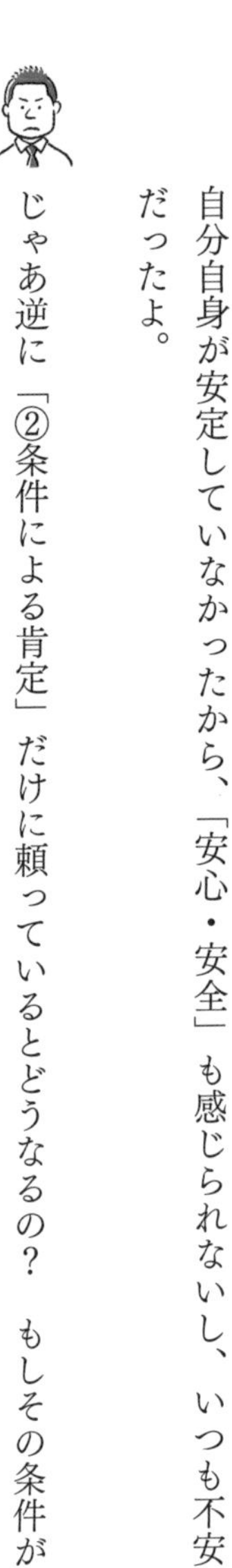

自分自身が安定していなかったから、「安心・安全」も感じられないし、いつも不安だったよ。

じゃあ逆に「②条件による肯定」だけに頼っているとどうなるの？　もしその条件がなくなったら、今の自信や自己肯定感がなくなってしまうのかな？　オレ自身、やっぱり自己否定している自覚はあまりないんだけど……。

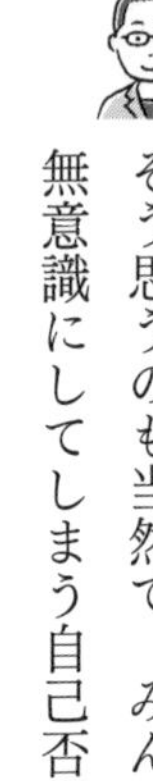

そう思うのも当然で、みんな知らぬ間に自己否定していることが多いんだ。無意識にしてしまう自己否定というのは、たとえば次のようなことだよ。

無意識にやっている主な「自己否定」

【禁止・制限】「○○してはいけない」「○○であるべき」と自分を厳しく制限する（迷惑かけちゃいけない、強くあるべき）

【劣等感】他人と過度に比較する

【完璧主義】「もっともっと」と完璧を目指し、自分に厳しくしすぎる

【罪悪感】過去のミスや失敗で自分を責め続ける

ああ、それはよくやっているかも。でも、誰だってやることでしょ？

そうだね、ボクもいまだによくしているよ。たとえば「劣等感」は、人と過度に比べることで、ありのままの自分を認められない状態のこと。「べきねば」や「もっともっと」というのも、「今の自分ではダメだ」ということと同じ意味。多かれ少なかれみんなやっているんだけど、過度にやりすぎると土台を崩しちゃう。

なるほど、たしかにそうかもね。

仕事の能力だけでいったら、同期の中でたけしがいちばん成果をあげているじゃん。だからボクも、長い間たけしに劣等感を抱いていた時期もあった。それも自己否定だったんだ。

マジで！　全然知らなかったよ。オレは、さとるとしおりが会社にいてくれるだけでホントにありがたいと思っているよ。ココロの支えだよ。

そう！　それこそまさに、**条件なしの存在自体への「無条件の肯定」**ってことだね。

あー、そういうことか！

でも、「無条件の肯定」って、なかなか自分自身にはできないんだよね。もともと能力が高い人だと、「条件による肯定」で自己肯定できている場合も多いから、**自己否定に気が付いてないことも多い**んだ。逆に自信満々に見える人もいる。でもそんな人ほど、自分の内側では強く自己否定していることがあるんだよね。

ああ、なるほど。自信満々なのになぜかイヤな感じがする人ってたまにいるけど、そういう人は劣等感を、地位や能力やお金で埋め合わせしているだけなのかもね。

自己肯定感は「条件」ばかりを集めて高めるものじゃないんだ。自己否定を手放して、土台を整えていけば、勝手に積み上がっていくものなんだよ。

「否定」しないと成長ってできないの？

かとちゃん先生、質問です！　自分自身にOKを出すことの大切さはわかったんだけど、自分にNGを出しているからこそ、自分に厳しくできて、努力や成長ができるんじゃないですか？　自分にOKなんか出したら自分に甘くなって、全然成長できないんじゃないかなぁ？

たけしくん、いい質問だね！　そう思う人は多いと思う。たしかに「今のお前じゃダメだ、もっともっと！」と自分に厳しくして成長する方法もあるけど、それをやっていると、ものすごく疲弊してしまうんだ。いつも自分を叩いて馬車馬のように働かせているわけだからね。「成長」や「成果」だけを求めるのも、ニンジンを吊り下げて、尻を叩いているだけなのかも。自分を叩くとどうなるんだっけ？

自己肯定感が積み上がらない……。でもオレの場合、逆にそれ以外の自分の働かせ方がわからないんだよね……。

その状態って、**自分を厳しく追い込んで「恐れ」から働かせている**だけなのかも。楽しそうに働いている人たちは、自分をイジメたりしないから、**「恐れ」のエネルギーよりも「安心・安全」「喜び・楽しい・満足」といったエネルギーで働いているんだ。そういうエネルギーは、いくらでも出てきて枯渇しない。**

だからリラックスして働けるのね。楽しそうに働いている人は、カラダも緩んでいそうでうらやましい！

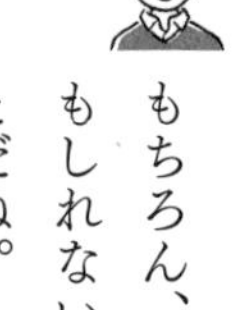

もちろん、仕事だからすべての場面で「楽しい」と感じながら働けるわけではないかもしれないけど、自分に厳しくしすぎて自己肯定感を崩しちゃうのは本末転倒ってことだね。

親や社会から引き受ける「自己否定」

会社だと「役割」を求められるから、自分らしくない自分になろうとして「自分に厳しく（＝自己否定）」なっていくこともある。「リーダーとはこうあるべき、部下とはこうあらねば」と、自分も周りも追い込んでいっちゃうんだ。

今、まさにそれにハマっているところだ……。

社会や世間の価値観から「ありのままへの否定」を無意識のうちに引き受けてしまっていることもある。「男はこうあるべき」「女はこうあらねば」「普通は」「常識的に」といった言葉で、自分らしくない自分になろうとしていく。

そうなると、会社や上司の価値観・雰囲気から受ける影響も大きいのかしら。上司が「自分を犠牲にしてでも仕事するべき」と思っていて、それを部下にも強制したら、「リラックス」や「安心・安全」なんて感じられないわね。

もしかするとたけしくんは「人は努力して成長すべきである」と思いすぎているのかも。

うわあ、図星だ。思ってる！

その価値観はたぶん、親の影響や学校で手に入れたものだと思うんだけど……。

そうです。父ちゃんから「もっと努力しろ！　成長しろ！」と厳しく言われ続けて育ちました。でも、みんなそうじゃないの？

親御さんや先生の言葉や態度を、子ども時代からそのまま引き継いで、無意識の「当たり前」を作ってしまっている人は多いんだ。成長することは大切かもしれないけど、「いつでも、誰でも、もっともっと、すべき」と思っていたら、自分も相手も追い詰めちゃうかもしれない。

ああ、自分、そういうところあるわ……。無意識って怖いな。

「成長**したい**」なら「楽しくてワクワク」できるけど、「成長**すべき**」は「義務」っぽくて、なんだか苦しいよね。

私も、母親がとてもしつけに厳しい人で、「ちゃんとしなさい」「あなたはダメな子

ね」って、いつも言われていました。でも私はおっとりした性格で……。

ああ、ごめんね。ちょっとつらいことを思い出させちゃったかな。

いえ、大丈夫です。お母さんは私のためを思って言ってくれていたんだろうけど、なるほど、**自己肯定感には、過去の自分の育った環境も関係してくるのね。**

日本だと特に「周囲に合わせること」を要求される場面が多いよね。そういう同調圧力にとらわれてしまうのも「自分への否定」だよ。だから、**誰もが多かれ少なかれ「自己否定」は持っているし、影響を受けている。それに無意識に操られず、「気付いていること」が大切なんだ。**

無意識にしている自己否定が、最初に言っていた「ココロのクセ」ってこと？

そうそう。それをみんなに知ってほしくて、今日はかとちゃんを呼んだんだ。

「自己否定」していると、「自己防衛的」になる

自己否定をして、自分に厳しくしすぎていると、そのうち周りが自分を脅かす「敵」に見えてきてしまうんだ。

あ、それわかる。「自分はダメだ」って落ち込んだときは、いつもより周りの目が冷たくて厳しく感じます。

自己否定をしている人は、他人からの否定に弱く、過剰反応してしまうんだ。「こんな自分じゃダメだ」「もっともっとだ」と自分を追い込んでいると、周囲の人たちも、自分を批判したり、何かを強要している気がしてくる。すると、人は2種類の行動を取るようになる。

【悲観タイプ】「私ってダメだ」「私が悪い」「私には無理」と自分を責めたり、何事にも消極的になったりして、「悲観的」な態度を取るようになる。

【反抗タイプ】「オレを否定するな！」「そっちが変われ！」「お前が悪い」と「反抗的」な態度で人と接するようになり、自分の中にある「べきねば」を他人にも求めるようになる。

あ！　今日、上司に「お客さんにそんな反抗的なことを言うな！」ってたしなめられたばかりだ。これってオレのことなの？　でもお客さんが悪いんだもん……。

私は上司との関係で、今まさにこの悲観状態にいるわ。

でもこれはね、全部**自分を「まもる」ために反射的にやってしまうこと**なんだよ。だって、「攻撃されている（批判されている）」「周りは自分の敵」って感じちゃうんだから、そう振る舞ってしまうのもしょうがない。
反抗タイプは「戦う」ことで自分を守っていて、悲観タイプは「逃避」や「決断しない」ことで自分を守っている。無条件の自分にOKが出せなくて、無意識に自己否定を続けていると、こういうメンタリティに傾いて、望まない振る舞いをしてしまう、ということなんだ。

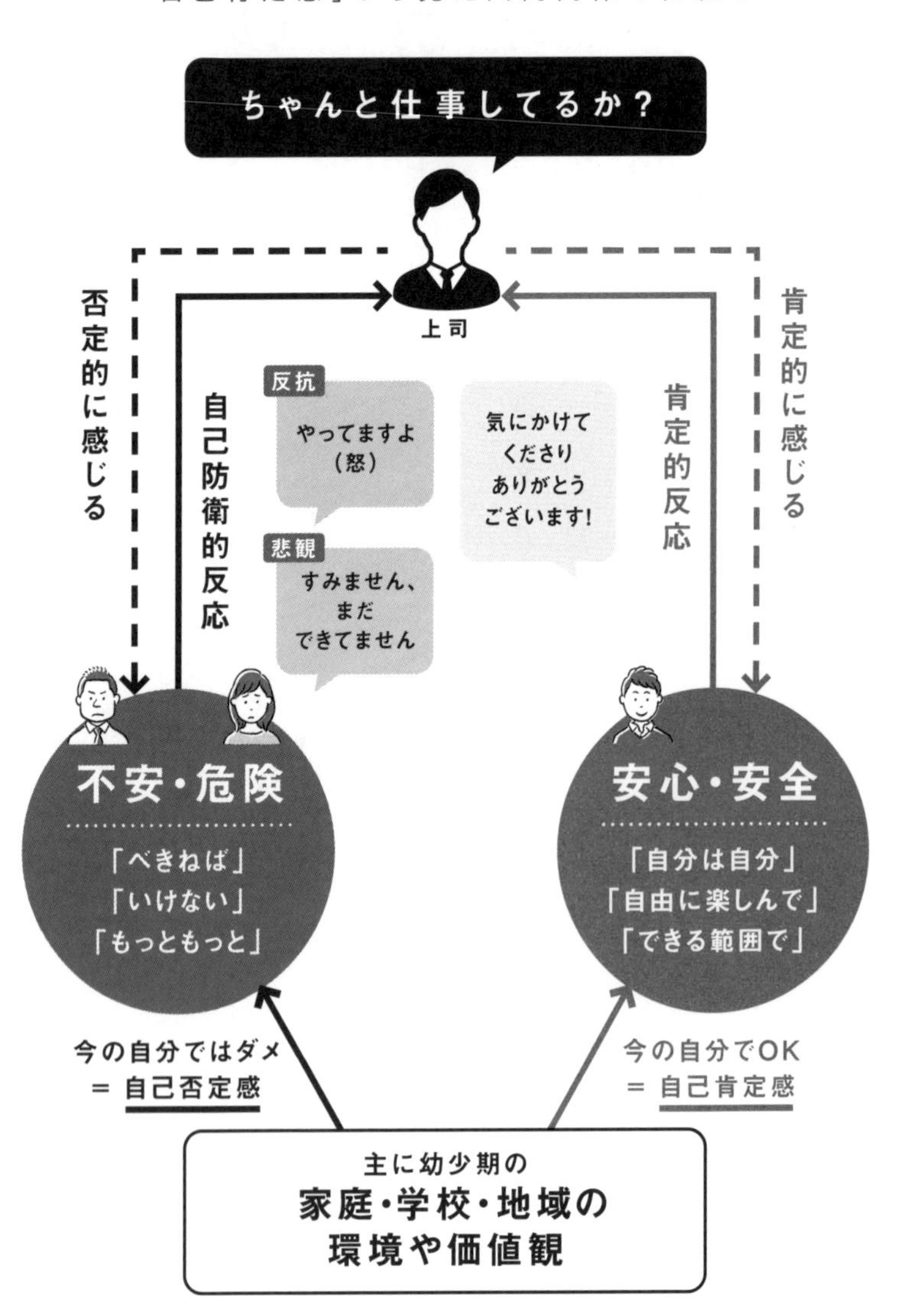
「自己肯定感」から見た人間関係の仕組み
ちゃんと仕事してるか？
上司
否定的に感じる
自己防衛的反応
反抗
やってますよ（怒）
悲観
すみません、まだできてません
気にかけてくださりありがとうございます！
肯定的反応
肯定的に感じる
不安・危険
「べきねば」
「いけない」
「もっともっと」
安心・安全
「自分は自分」
「自由に楽しんで」
「できる範囲で」
今の自分ではダメ
＝ 自己否定感
今の自分でOK
＝ 自己肯定感
主に幼少期の
家庭・学校・地域の
環境や価値観

えー、やばい!!

ところで、ちょっと話が変わるけど、会社ではどんな人が苦手？

ボクは「自由にさせてくれない上司」は苦手だな。「理不尽なことを言ってくる人」も好きじゃない。

「指示待ちで動かない部下」は何のために働いているんだろうって思うよ。何事も穏便にすませようとする「事なかれ主義の上司」も嫌い。

うちの上司はいつも「威圧的で高圧的」だから萎縮しちゃって……。ワガママでチームワークを乱す「我が強い人」や「自分勝手な人」もイヤ。

なるほど、それはボクも苦手な人たちばかりだ（笑）。こうやって、会社にはいろいろな種類のメンドクサイ人がいるけど、実は彼らには共通点があるんだ。それはね、**みんな自分を「まもって」いるということ。彼らのメンドクサイ行動はどれも「自己**

防衛」のためなんだ。

えーっ!? でも、うちの上司は、守っているんじゃなくて、いつも私のことを「攻撃」してきますよ！

「攻撃は最大の防御なり」って言うじゃない？

あ、そうか。え……じゃあ、**このメンドクサイ人たちも自分を守っている・自己防衛しているってことは**……あれ？ 彼らも私たちと同じってこと？

えーっ！ そんなバカな!!

そうそう、自己肯定感が低い者同士なのかもしれないよね。

やだー!! 私、あんな威圧的な上司と違うもん！

あはは、ボクも最初にこれを教えてもらったときは受け入れられなかったよ。

「反抗」と「悲観」はつながってしまう

受け入れられないのも無理ないよ。でも、自己肯定感から人間関係をとらえる視点が持てると、世界の見え方が変わってくるんだよ。

うーん、まだ混乱しているけど、もっと詳しく教えて！

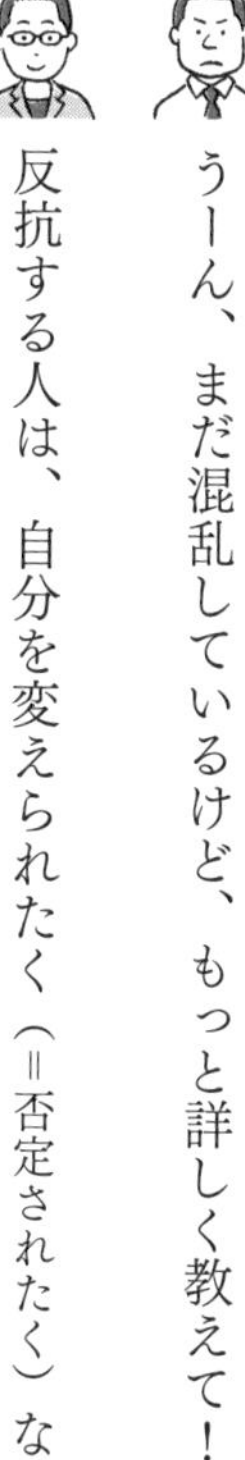

反抗する人は、自分を変えられたく（＝否定されたく）ないから**「自分は正しい、相手が悪い」**と戦って、相手に自分の言うことを力で聞かせようとする。悲観的な人は**「自分が悪い」**ことにして、「もうこれ以上否定しないで」と、相手に服従しようとしてしまう。だからこの2人は、不思議とつながってしまうんだ。「反抗」と「悲観」が引かれ合ってできる人間関係の特徴的な4パターンを図にすると、次のページのようになる。大きく揉めている人たちは、大体こんな感じになっているはずさ。

自己肯定感から見た「人間関係のこじれ」4パターン

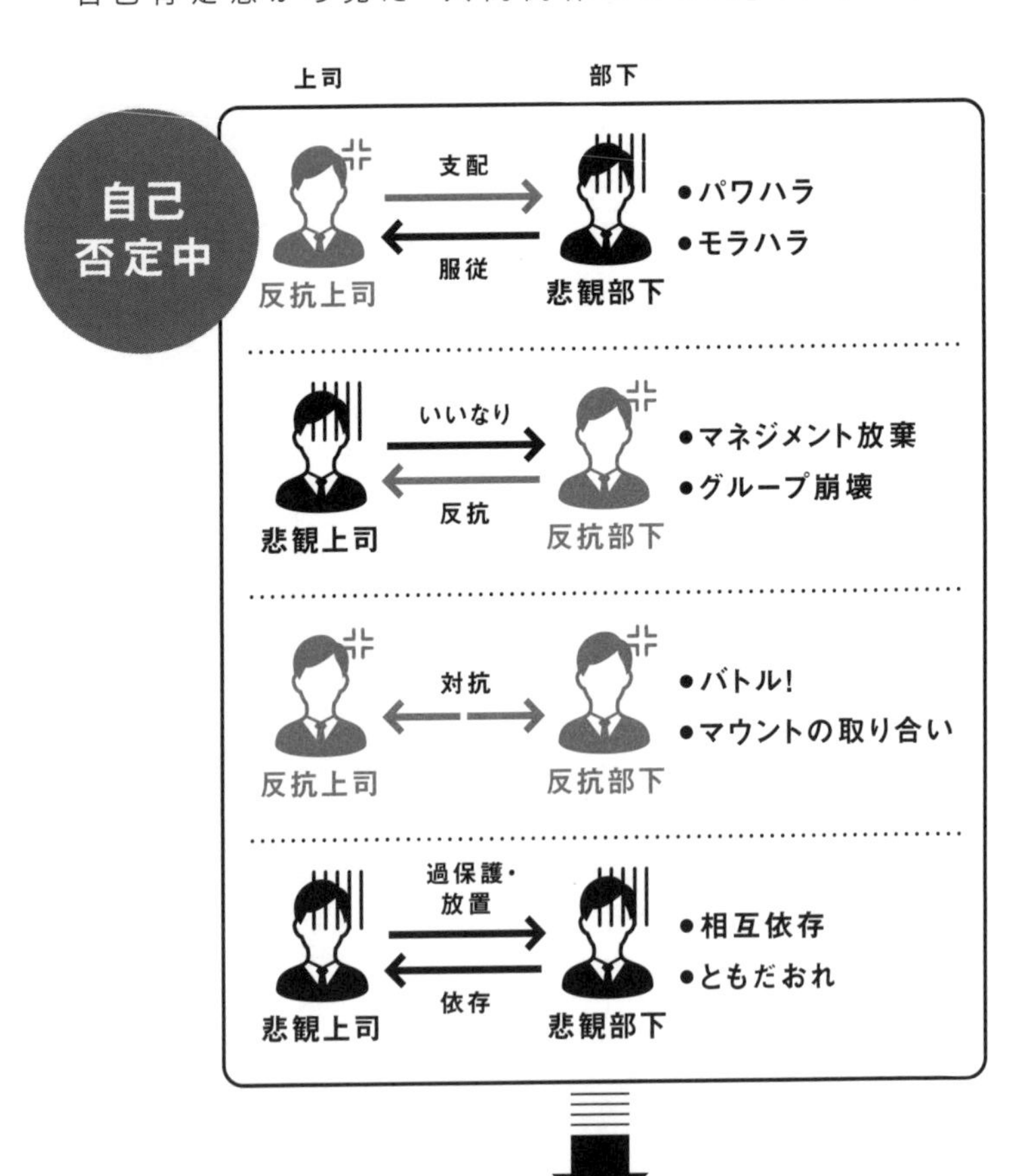

他者も自分もまずはOK
冷静に対処

うわー、こういう状況あるなぁ。

私、完全に「反抗上司」と「悲観部下」だわ。

相手を「**敵**」だと思って、お互いが「**被害者**」だと思ってしまうと、このパターンにハマってしまう。その場合は**どちらかが、もしくは両方が自己否定している可能性があると**思ってほしい。最初は難しいけど、この視点で人間関係を見る練習をしていると、すぐに慣れてくるよ。

ということは、自己否定をやめられたら、この人間関係から出られるかもしれない、ということなのかな？

そうそう。自分が自分に厳しくしすぎる自己否定をやめて、安心して余裕を感じられていたら、他人に振り回されることも減ってくるし、困難な状況を乗り越える勇気も出てくる。

すると、自分の人生を自分の手に取り戻せるようになってくるのさ。よく聞く言葉かもしれないけど、**「相手を変えるよりも、自分を変える」**ということだね。

そうはいっても、うちの上司みたいに明らかな攻撃をしてくる人は、いくら自己防衛といってもやりすぎですよね？

そうだね。そういう場合の考え方や対処法も覚えていかないとね。ただ、ひとつ知っておいてほしいのは、**人が普通に生きていて、悪意で人を貶(おとし)めてやろうとか、攻撃してやろうなんて思うことはほとんどないんだ。怒って言うことを聞かせようとするのも、ビビって逃げちゃうのも悪意じゃなくて、**やっぱり**「防衛」**行為なんだよ。

怒りたくて怒っている人なんていない、ってことか。

まだ全面的に信じられないかもしれないけど、メンドクサイ人間関係に出会ったら、**「みんな自己否定しているのかも」「悪気はないのかも」「それは自分も」**って考えてみてね。

なるほど。そう思えたら戦わなくてすむかもね。

大切なのは「安心・安全」、そして「仲間」

それでね、最初に「安心・安全」に働けているか？　って聞いたよね。

うん。でも会社はメンドクサイ魑魅魍魎ばかりで困ってたんです。

もし、相手も「こうあるべきだ」「もっともっと」「私はダメだ」と自己否定しているとしたら、無意識にも「恐れ・不安」から「防御」しているってことだよね。だとしたら、まず**相手を否定せずに肯定して、できる範囲で「安心・安全」を相手に感じさせてあげられたら、人間関係は結構うまくいくのかも。**相手も自己防衛しなくてもすむからね。

理屈としては、そうなるよなぁ。

そして、相手は自分を「敵」だと思っているかもしれないから、「**私は仲間ですよー**」ってことが示せたら、だいぶ人間関係はよくなっていくはずだ。

それ、うちの上司には難しそう……。

オレも、どうやってお客さんと接したらいいのか、まだわからないな。

それができる自分でいるためには、「自分の自己肯定感が下がっていないか」をできるだけ点検して、「厳しくしすぎて追い詰めない」「安心・安全を与えてあげる」という考え方をすることが大事になるんだ。「反抗」「悲観」の罠（わな）にハマってしまわないためにもね。

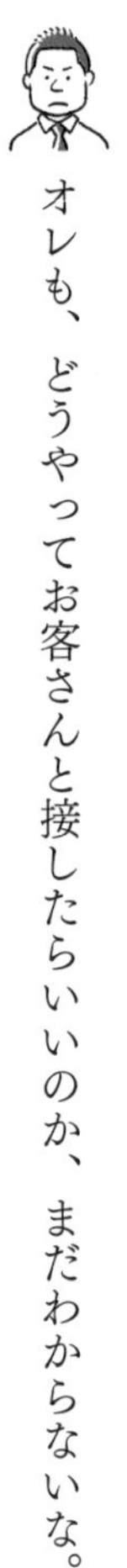

かとちゃんには「**自分との人間関係がいい人は、他人との人間関係もいい**」ってことを教えてもらった。ボクはかなり「自分との関係」がよくなってきたよ。

自己否定という「ココロのクセ」に気が付いて、手放す練習をしていく。そうやって

自己肯定感を育む
「安心・安全」の2つの態度と、7つの要素

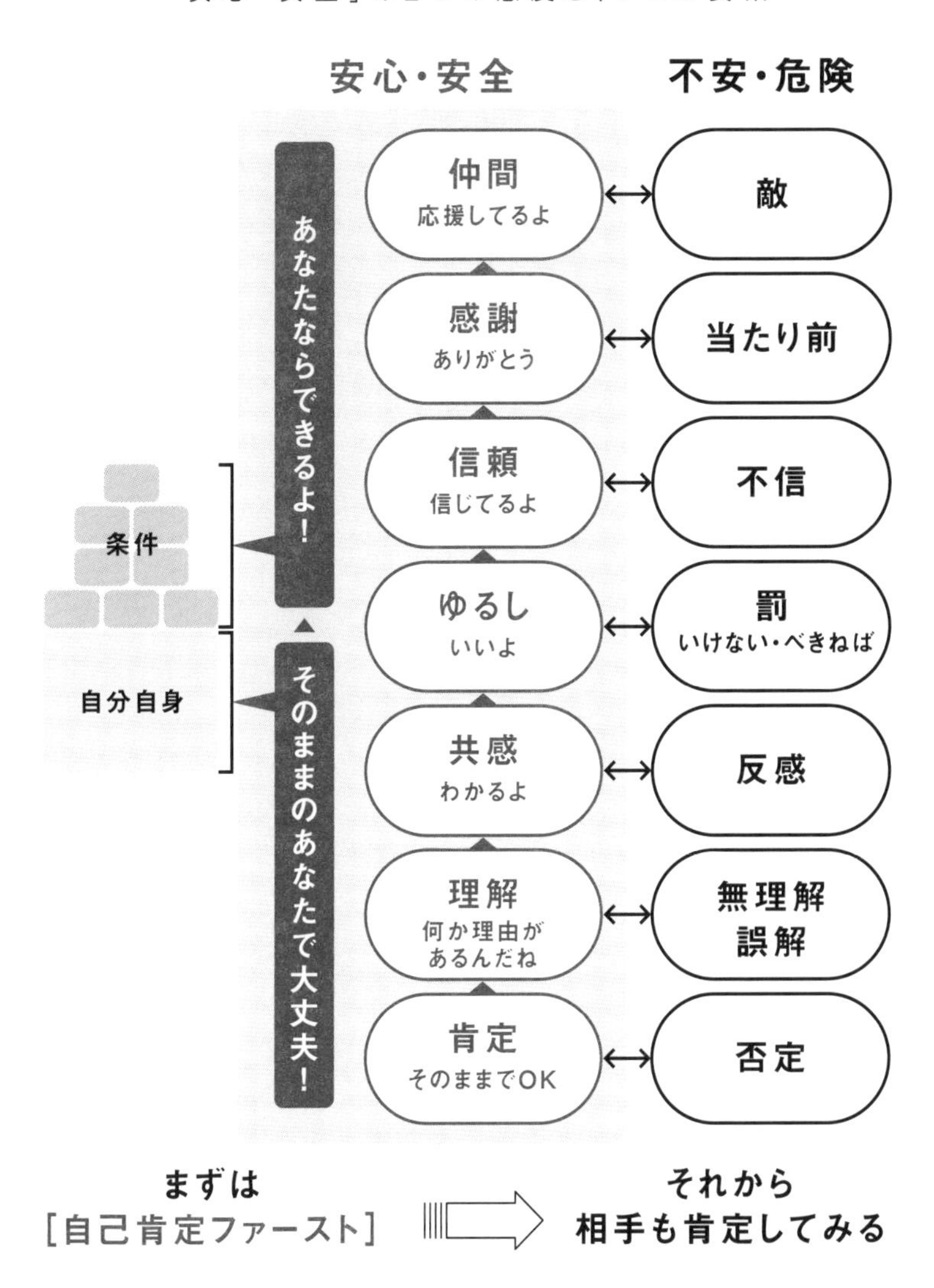

自己肯定感を取り戻していければ、誰でも少しずつ人間関係をよくしていける。でも、相手の自己肯定感を育てるのはなかなか難しい。だから、まずは自分から取り組んでみようってことなのさ。**人間関係のカギは、自分自身が握っているのです。**

「自分への接し方」と「他人への接し方」は同じ

最後にまとめるね。「自己肯定感」の観点から見ると、人は「自己否定している人（不安・危険ベース）」と「自己否定していない人（安心・安全ベース）」の２種類しかいない。**人間関係がうまくいっていないときは、自分か相手が「自己否定」しているんじゃないかと考えてみるといい。**そうすると、抜け出す糸口が見つかってくるんだ。

相手を変えようとすることは、相手の否定になってしまうので、もっと防衛されてしまい、反抗的、悲観的な態度がエスカレートしていく。だからまずは、自分の自己肯定感を育むんだね。それで「自己肯定感が下がっているとき」はどうするの？

まずは自分を整えること。いつも「**自己肯定ファースト**」と覚えておこう。肯定とは

「ありのままを認める態度」のこと。自分を叩くと土台が壊れてしまうのだから、**どんな自分も「全肯定」してみる。**ネガティブになっている自分自身もね。

全肯定か……。

そして、お互いに自己肯定感が下がっているのだとしたら、**自分への接し方も相手への接し方も一緒**なんだよ。ここからは、それを詳しく、実際に会社で起こるケースを使って、説明していくよ。準備はいい？

はい！　だいぶ酔っ払ってきてイイ感じです！

ははは。それくらい気楽に聴いてもらえたらうれしいよ！

【反抗タイプ】のチェックリスト

- □ ポジティブ至上主義、ネガティブ否定
- □ ささいなことで、よく怒りを爆発させてしまう
- □ 基本、他人は信じられないと思う
- □ プライドが高く、メンツを重視する
- □ 自分を大きく見せようとして、威張ったり、ウソをついたりしてしまうことがある
- □ 義理や義務、約束を重要視し、人にも強要しがち
- □ 人に「〜してやったのに」と感じることが多い
- □ 自分が人から注目を浴びたり、話題の中心にいたりしないと、満足できない
- □ 人との関係を上下、勝ち負けで量ってしまう
- □ 正義感が強く、正しさを主張して人と衝突する
- □ 「自分は人よりすごい、えらい」と思っている
- □ イエスマン（肯定してくれる人）を好む傾向がある
- □ 面倒見はいいが、逆らう人や離れていく人には、手のひらを返したかのように冷徹な態度を取ってしまうことがある

まとめると、**「人のせいにする人」**です。自分が満たされないのは相手や環境のせいだと思い、その原因を自分の「外」に探しています。「あいつさえいなくなれば」「会社が悪い」などと考え、いつもココロの中で誰かや何かと戦っています。

【悲観タイプ】のチェックリスト

- □ いつも他人の目を気にしている
- □ 人から嫌われることが、ものすごく怖い
- □ 周囲から褒められたり認められたりしても、「いいえ、私なんて」「そんなことないです」と言ってしまう
- □ ささいなことで「ごめんなさい、ごめんなさい」と、必要以上に謝ってしまう
- □ 人に「〜された」と感じることが多い
- □ ネガティブな言葉ばかりをつぶやいてしまう
- □ 自分のことよりも、人のことを優先してしまう
- □ 断れない、頼れない、言いたいことが言えない
- □「私は人より弱い、劣っている」と思っている
- □ いつも自分を責めて、後悔ばかりしている
- □ いつも誰かが手助けしてくれることを期待している
- □ 自分の好きなことがわからない
- □ 漠然と「私なんて、いないほうがいい」と思っている

まとめると、**「自分のせいにする人」**です。いつもひどい目に遭うのは自分のせいだと思い、その原因を自分の「内」に探しています。「私が悪いからだ」「どこを直したらいいの？」などと考え、罪悪感でいつも自分を責めています。

Column

覚えておきたいコトバ①
心理的安全性

社員の生産性を高める唯一の方法とは？

世界中から優秀な人材が集まる大企業・米グーグル社でさえ、生産性の高いチームもあれば、そうでないチームもあるといいます。なぜ、そのような違いが出てくるのか？ これをさまざまな角度から分析し、より生産性の高い働き方を提案しようと2012年に始まった調査が「**プロジェクト・アリストテレス**」です。

データ分析が得意な同社が、組織心理学や社会学の専門家を巻き込んで行った調査で浮かび上がってきたのは、「強いリーダーシップ」や「仕事のやり方」、ましてや「報酬」などではなく、**「他者への心遣い、配慮や共感」といったメンタル的な要素の重要性**でした。

会社では「役割」を求められます。それが「本来の自分」を押し殺して、「別の人格」で生きることを強要されるのなら、これほどしんどいことはありません。「上に従わないと外される」「こんなことを言ったらバカにされないだろうか」といった不安を、チームのメンバーから払拭すること。対等で自由な関係の中で、思ったことを伝え合い、行動し、協力できる**「ありのままの自分」を表現していい場**を醸成すること。**安心・安全を感じられる雰囲気＝「心理的安全性」**をチーム内、そして自分自身に育めるかどうか。それこそが、グーグル社が導き出した成功のカギでした。これはまさに「自己肯定」と「他者肯定」を実践していくことと同じなのです。

第2章

ドーショーモナイ！「自分自身」が

ケーススタディ1〜12

CASE

01

どうしても仕事を断れず ドツボにハマってしまいます

私は上司や同僚から頼まれる仕事を断ることができず、いつもたくさんの仕事を抱え込んでしまいます。それでも、これまでは残業や休日出勤をしたり、仕事を家に持ち帰ったりすることでなんとかこなしてきたのですが、新しい部署に異動してからは覚えることもたくさんあって、今の働き方ではパンクしてしまいそうです。どうしたらよいのでしょうか?

それ、義務じゃないから！　断ると何が起こる？

仕事、減らしてください。仕事量のコントロールも仕事のうちですよ。……なーんて正論を言われても、わかっちゃいるけどやめられないから悩んでいるんですよね。

そもそも、上司だってあなたに仕事を抱えすぎて撃沈してほしいとは思っていないはずです。もし「家でも働け」と本当に言われているのであれば、それは上司や職場環境の方に問題があります（そのときは転職も考えて！）。

しかしそうでない場合、あなたはなぜ仕事を「断れない」のでしょうか？**「仕事を断ったら何が起こる？」「私は何を恐れている？」と自分に問いかけてみましょう。**

結論から言えば、ほとんどの「恐れ」は「人に嫌われる恐れ」です。

たとえばしおりさんの場合、第1章で彼女は厳しいお母さんに「ダメな子」と言われ育てられてきたと言っていました。だとすると「ダメな子だと思われないように」「とにかく言われたことをやらなきゃ」と、無意識にもその嫌われる「恐れ」から仕事を引き受けすぎてしまうのかもしれません。

だからといって「ダメな子なんて思っちゃダメ」「もっと強くならなきゃ」というのも自分への否定です。まずは、そんな恐れている自分を理解し、肯定し、「私、怖いんだなぁ」と自分の気持ちに寄り添ってみましょう。胸に手を当ててゆっくり深呼吸をしながら、じっくり「怖さ」と一緒にいてあげてください。

少し落ち着いてきたら、「それって本当？」と自分に聞いてみてください。周りがあなたを嫌う？　ダメなヤツって思う？　見捨てられちゃう？　それって本当？　少し冷静に考えれば、それは自分が作り出した妄想だということに気付くはずです。

今、あなたは悲観し、守りに入ってしまっているから、頼まれた仕事はすべて引き受けるべきだと、命令や義務のように感じていると思います。しかし自己犠牲をするとそれだけで自己肯定感は下がり、より自分を追い詰めてしまいます。

「その仕事、明日でもいいでしょうか？」「業務量がいっぱいなので、手伝ってもらえませんか？」。勇気を持って伝えてみれば、みんなが助けてくれますよ！

Column

覚えておきたいコトバ②
「自分軸」と「他人軸」

「自己肯定ファースト」で行こう!

【自分軸】

「自分がどう思うのか」を軸に考えて行動すること

【他人軸】

「他人にどう思われるか」を軸に考えて行動すること

他人の目を気にして、「上司にできないヤツと思われるのがイヤ」だからといって、なんでもかんでも仕事を引き受けてしまうのは**【他人軸】**の行動です。反対に「私は自分を大切にしたいから、仕事は抱えすぎない」と考え、だから「仕事を断る、人に頼る」のは**【自分軸】**になります。

自分軸で行動するためには、「他人の思い」以前に「自分の思い」にOKを出し、それを優先させる必要があります。つまり**「自己肯定感」を保つことこそが、「自分軸」の生き方を支えること**なのです。

自分軸で行動することは、「自分勝手、ワガママ」とは違います。ワガママとは「他人を使って自分の思いを満たそうとする」ことであり、自分軸は「自分で自分の思いを叶えてあげる」ことだからです。

自分の思いを大切にすることができる人だけが、他人の思いも尊重し大切にできます。

いつでも**「自己肯定ファースト」**でいきましょう!

CASE
02

がんばっているのに正当に評価されていない気がします

自分はすごく仕事をがんばっていると思っています。新企画を上司に自ら提案したり、部下たちの指導にも熱心に取り組んだりと、毎日毎日、一生懸命働いています。しかし、上司からも会社からも正当な評価をされていない気がして、なんだかモヤモヤしてしまいます。もう長い間、昇進・昇給もしていませんし、最近はなんだかやる気も失せてきてしまいました。

まずは自分へのねぎらい。「オレ、よくやってるな」

あなたはとてもがんばり屋さんですね。ただ、たけしくんと同様に**「努力せねば、成長せねば」と自己否定してしまっている部分があるかもしれません。**

もちろん努力も成長も素晴らしいことですが、あまり自分を追い詰めすぎると自己肯定感が下がっていきます。さらに、そのがんばりを周囲から認めてもらえないのであればなおのこと、「認めろよ！」と反抗心が大きくなっていってしまうことでしょう。

そこであなたに覚えてもらいたいことは、**「自分へのねぎらい」**です。

まずは自分のがんばりを自分が認めてあげる。**「オレ、よくがんばってるよな」「えらいよな」「よくやってるよ」**と、**自分で自分を肯定し、認めてあげる**のです。

自己肯定感が下がっている人は、「もっともっとだ」と自分へのハードルを上げ続けてしまうばかりで、「今がんばっている自分」を認めてあげることが苦手です。

その自己否定のループから抜け出し、自己肯定感を育む言葉や態度が「ねぎらい」

です。**自己肯定感の高い人たちは、これが自然にできています。**

さて、ここで少し考えてみましょう。上司のイジワルではないのに、評価がもらえないのは、もしかしたら仕事のやり方がちょっとズレているからかもしれません。**上司が期待している「役割」からズレていると、がんばりがムダになるどころか、評価を下げるということもありえます。**

上司が「現在の職務を指示通り遂行してほしい」と思っているのであれば、新企画を出すことは、上司にとっては指示を否定されている気になるかもしれません。変化を嫌う部署であれば、そこにいくらあなたの「よかれ」があったとしても、メンドクサイヤツと敬遠されてしまうこともあります。

仕事ができる反抗タイプは、「自分のやっていることが正しい」と考え、このようなケースに陥りがちです。**「自分の正しさ」を一旦横において、「今、求められているものは何かな？」と考えてみると、**糸口が見つかると思います。その上で今の仕事内容が自分に合わないのなら、自分を生かせる部署への異動希望も視野に入れてみましょう。それも自己肯定感を育むために大切なことです。

Column

覚えておきたいコトバ③
「ねぎらい」

自己肯定感アップの「最強呪文」とは？

自己肯定感が低くなっている人たちは、自分のことを「ねぎらう」という概念が、人生からすっぽりと抜け落ちています。

これまで生きてきた中で、「オレはよくやってる」「私、がんばってるよね」という言葉を、一度も自分にかけてあげたことがないという人たちも多く、カウンセリング中にこれらの言葉を言ってもらうだけで、涙を流す人たちもたくさんいます。

みんな、その時々の精一杯を生きています。「もっともっとだ！」と自分を追い立てる思考を一度やめてみて、今のあなたのがんばりに**「よくやったな」「がんばってるね」と“声に出して”ぜひ「共感」してあげてください。**

これは何かができた、できないという「成果」とは関係ありません。ただただ、「生きてきた経緯」「私自身の存在」をねぎらってあげてほしいのです。きっと魂が喜びますよ！

たとえば、こんな【ねぎらい】の言葉
「私、よくがんばってるな」「よくやってるよ」
「えらかったよ」「よくガマンしたね」
「つらかったね」「大変だったね」
「よかったね」「おつかれさま」「ありがとう」

CASE

03

テレワークで意思疎通がうまくいかず不安です

我が社にもテレワークが導入され、最初はリラックスしながら自宅での仕事を楽しんでいました。しかししばらく続けてみると、チーム間でこれまで自然とできていた意思疎通に不具合が生じてきて、仕事ですれ違いが起きるようになってきました。上司からのメールの返事が遅くイライラしたり、部下に何度もしつこく電話を入れてしまって自己嫌悪したりと、うまく仕事が進められず、不安になっています。

みんな同じ！ じっくり「安心・安全」の場を作ろう

2020年春からのコロナ禍で、突然テレワークという世界に放り込まれた方も多いと思います。気楽でいいやと思う半面、慣れないプロセスにイライラしたり、すれ違いが起きやすくなったりと、業務に支障が出ているという声も聞かれます。

顔が見えない、または日常的な触れ合いがないと、人は相手の状況が確認できず不安になり、少なからず「不信感」が芽生えてきます。「えっ？ 私は不信感なんて出てきてないよ」って？ それはそれで素晴らしい！ 顔が見えなくても部下や上司を信じることができているというのは、もともと信頼関係があったということです。

逆に言えば、テレワークの普及により「これまでの信頼関係が試されている」ということで、隠れていたチームの課題があぶり出されている状況と言えるかもしれません。ぜひ、この不安を逆に利用することで、チームのきずなを深めましょう。

なにぶん初めてのことですから、最初はうまくいかなくても当然です。まずは不安である自分を決して否定せず、そのまま「不安なんだな～」と「肯定」してあげてください。

不安は「未来への過度な恐れという妄想」なので、アタマで考えれば考えるほど膨らんでいきますし、**考えないよう否定すればするほど追いかけてきます**。それに、**不安は他人に伝染しやすい感情です**。こちらが不安を膨らませていると、その雰囲気や態度がメールや電話を通じて上司や部下にも伝わり、増幅していきます。

だから「不安」な気持ちをそのまま肯定した上で、「チームはうまくいっている」「みんなそれぞれしっかり仕事に取り組んでくれている」と、**まずは自分から信頼すると心に決めてみましょう**。**この「信じる」は「無条件」**。**これが基本スタンスです**。

次に、不安を減らして、信頼を増やしていく方法を具体的に考えてみます。メールを受け取ったら必ず受信確認を返す、みんなでざっくばらんに困っていることを共有する定例会議の場を設けるなど、**「仲間」意識を作って不具合を解消していくための**

ルールを丁寧に決めていく。「みんなとつながっている」という〝場〟を作り、「安心・安全」を醸成していくのです。

もちろん、これはテレワークに限ったことではありません。「つながり」と自他への「無条件の肯定・信頼」が、幸せで活発な職場を作るカギなのです。

【悲観タイプ】のあなたへ

自分の「過度の不安」から部下に仕事を渡せなかったり、細かく指示を出しすぎてしまいそう。テレワークでなぜか自分の仕事が増え続けている人は、自分の胸に手を当てて「不安なんだな～」と不安を全肯定し、まずは落ち着きましょう。

【反抗タイプ】のあなたへ

「そもそも人を信じられない」という人が多いですが、せっかくの機会ですから、テレワークの向こうにいる部下や上司への「無条件の信頼」を実践してみましょう。問い合わせメールも電話もガマン。最初は落ち着かなくて悶絶(もんぜつ)するかもしれませんが、「人を信じられる自分」という自己肯定感を育むいい練習になりますよ！

CASE

04

人前で話すのが苦手でリーダー職がつらいです

私はもともと口下手で、人前で話をするのがとても苦手です。プロジェクトリーダーという立場になってからは、人前で話さねばならない場面が多くなり、働くことがつらくなってしまいました。私はそれまで、それなりに仕事はデキる方だと思っていたのですが、今は毎日が苦しいばかりで、まったく自信をなくしてしまっています。

逃げてもいい！ 上手にしゃべれない自分を「ゆるす」

ボク自身も、子どもの頃からひどく人見知りの緊張しいで、あがり症を超えて対人恐怖を感じていた時期もありました。そんなボクが、今やたくさんの人の前で話せるようになったのも、コツコツと自己肯定感を育んできたからなんです。

苦手を克服したい、と思うのは当然ですが、苦手なことばかりに取り組んでいるのは苦しいですよね。人より3倍努力したところで、結局は得意な人の足元にも及ばないかもしれません。ならば**「一度手放してみる」**という考えはいかがでしょうか。

「リーダーは人前で立派に話せねばならない」というのはただの思い込みです。話すのが苦手でありながら敏腕のリーダーなんてたくさんいます。**それよりも「人前で上手に話せない自分」を否定していることが、本当の悩みの原因**です。

「人目を怖がる自分自身」を否定し、自己肯定感の土台を壊していると、「人前で話すスキル」（オプション）もうまく積み上がらないというのは、これまでに説明してきました（26ページの図を参照）。もちろん話せるに越したことはありませんが、自分の「理想像」を高く掲げすぎてそこに劣等感を覚えていると、より自己否定が始まってしまいます。**仕事がデキるはずなのに、人前で話せないだけで自信をなくし、その仕事ができなくなってしまうなら、それは会社にとってもあなたの人生にとっても大損失。そもそもリーダーの仕事は「人前で流暢に話す」ことではなく、仕事で結果を残すことです。**仕事さえ回れば、話し下手でも問題はないんです。

まずは話せない自分にそのままOKを出してみましょう。怖いし、上手に話せないんだから**「しょーがない」「話せなくてもいいよ」**といった言葉で、自分を積極的に「ゆるす」ことで「緊張＝自分との戦い＝自己否定」から降りるのです。そうすると、ココロの土台がある程度安定します。そこからコツコツ「上手な話し方」「あがらない呼吸法」などの「条件（オプション）」を積み上げればいいのです。

さらに、周囲に弱みを開示してみましょう。「私、人前が苦手なんです」と伝えてしまい、助けてもらう、できないと断る。**隠すから「不安・危険」を感じるのです。人前に出るのは最初の挨拶だけにして、詳しい話はトークが得意な部下に担当しても**

らってもいいと思います。会社の偉い人って、大体そうしていますよね。

「自己肯定感が高い人」は、なんでも克服したすごい人、みたいに思っている人がいますが、まったくの逆です。**「しょーがない」「ま、いっか」「できなくていい」「それが自分だ」と、ダメな自分でも「ゆるせる」人**のことを言うのです。

自分を許すことができると、安心して自分にリラックスすることができ、結果としてあがりにくくなっていく、という好循環になりますよ。

【悲観タイプ】【反抗タイプ】のあなたへ

ボクもそうでしたが、あがり症を隠して生きている人はとても多いです。弱さを見せることが「怖い」し「負け」だと思っていて、仕事のプレゼンなども何週間も前から準備するなど、人知れずものすごい努力をしながら、同時にうまくしゃべれない自分への否定を繰り返しています。

努力するのも大切ですが、その努力、実はただの「怖さ」からの「逃げ」かもしれません。怖さを素直に認め、許し、「私、あがっちゃうんだよね」と周りに開示してみると、周りがあなたを脅かす敵ではなくなっていきます。

CASE
05

周囲の活躍を見ていて劣等感を覚えてしまいます

入社してから数年も経ってくると、同期入社の中でも、仕事での活躍度合いに大きな差が出てきます。早々に昇進した者、大きな仕事を任される者、社内表彰される者……。一方で自分には誇れるようなものは何もなく、いまだに先輩の下で地味な仕事ばかりをする毎日です。自分だけがまったく成長しておらず、周りに置いていかれた気持ちがして、同期のみんなに劣等感を覚えてしまいます。

劣等感をきっかけに「人間関係を育む」

劣等感とは、簡単に言えば「より良い自分になりたい」という思いです。誰にでもあるもので悪いものではありませんし、向上心や「なにくそ」といった成長へのエネルギーにもつながります。

だからそれほど気にしなくてもいいのですが、あまりに過度に人と比較するようだと、自分自身を卑下したり、「もっともっとだ」と自分を追い詰めたりと、自己肯定感がどんどん下がり、自分を苦しめてしまいます。

過度に劣等感を覚えてしまう人というのは、「子どもの頃によく比較されてきた」という経験をしている場合が多々あります。親から、きょうだいや近所の子どもと比較され続けたり、学校の先生が競争を煽(あお)るタイプだったりすると、勉強がデキる、容姿の良し悪しなど、人との間に「条件による上下」ばかりを気にするようになっていきます。すると**「条件=自分の価値」だと考えてしまい、ありのままの自分にOKが出せなくなり、自己肯定感が保てずメンタルが悲観・反抗へと傾きます。**

とはいえ、他人と比べないようにしようと思っても、比べちゃうんだからしょうがない。そんなときはまず「比べちゃうんだよな」「そういうときもあるよね」と、その気持ちをそのまま眺めてみてください。**まずは自分が自分に「共感」してあげるのです。**

「先輩の下で地味な仕事」と言いますが、「派手な仕事＝いい仕事」と思っていませんか？　実は、その一見地味な仕事が会社を支えていますし、先輩だってあなたのことを認め、感謝しているかもしれません。自己否定で自分にばかり意識が向いていると、そんな大切なことも見えなくなってしまいます。

劣等感にとらわれると、「どうせ自分なんて……」と、ココロがひとりぼっちになっていきます。そんなときには、**先輩や活躍する同僚たちに「自分のいいところ」について尋ねてみてください。**仕事での働きはもちろん、「気遣いができる」「職場を明るくしてくれる」など、仕事以外の部分でも、きっと自分では気付いていない長所を教えてくれます。

そうしたら、**お返しに相手のいいところや感謝を伝えてあげてください。**そうやって仲間意識を育んでいけば、相手と比べる必要も、争う必要もないことがわかってきます。さらに言えば、あなたの同期に優秀な人が多いのであれば、頼れる人たちが多いということですから、それはチャンスでもあるのです。

仕事って、結局は人間関係が肝です。だから**劣等感をきっかけに、「人間関係をいかに育むか」を仕事だと思って取り組むと、同時に自己肯定感も育まれ、本当のチャンスがきたときにグーンと飛躍できますよ！**

【悲観タイプ】のあなたへ

人と比較して「私ってダメだ……」と自分を責めるなら、あえて「私、最悪！」「ホントかっこ悪い！」と自分をとことん責めてみて。10分も真剣にやるとネガティブエネルギーが切れてきて、「あれ？　そうでもなくない？」と浮き上がってきます。

【反抗タイプ】のあなたへ

「負けたくない！」という気持ちが強く出てしまい、勝手に相手を「敵認定」して争ってしまいそう。比較するなら、昨日の自分自身と！

CASE

06

大きな仕事を任されたけど プレッシャーで潰れそうです

これまで仕事をがんばってきて、ついに大きなプロジェクトを任されました。誇らしい気持ちもある一方で、実はココロの中はプレッシャーや不安でいっぱい。ガクガクブルブルと震えています。こんな情けない自分じゃダメだ、弱音なんて吐くなと自分に言い聞かせ、今がチャンスなんだと気持ちを奮い立たせようとしていますが、どうにもうまくいきません。この不安や恐れを消し去る方法はありますか？

プレッシャーは感じて当然、不安は頼りになる仲間！

残念ながら消し去る方法はありません（笑）。**不安は感じて当然なのです。**

不安や恐れは「否定」すると大きくなります。不安は「このままいくと危険なことが起きるかも」という自分の中の〝アラーム〟なので、抑え込もうとすると「いやいや、危ないんだって！」と、さらにその音量が上がっていきます。

実は「自分が不安であるということ」、これをわかっていることが超大切です。

わかっていない人はアラームを無視しているも同然ですから、なんにでも突っ込んでいってしまう「ただの無謀な人」になってしまいます。また、自分の不安を認識していないと、無意識に「不安」を感じるものを避けてしまい、なぜだかプロジェクトがうまく進まない、ということも起こりえます。

とりわけ反抗タイプの人は、不安や恐れという感情を特に否定しがちなので、こういう状況にハマるパターンが散見されます。

まずは、「弱音を吐いちゃダメだ、今がチャンスなんだ」と強がったり、無理したりと、自分の感情を否定するのをやめましょう。**「怖いものは怖い」「怖くていい」。それをそのまま認めてあげることが、自分への肯定です。**

不安や恐れは非常に強いエネルギーなので、一度発散してしまうのが有効です。「できなーい！」「無理！」「怖い怖い怖い怖いー！」などと実際に大きな声を出してみると、冗談抜きで本当にラクになるのを体感できるはずです。

さらに、「弱音を吐いちゃダメだ」なんて言っていると、どんどん自分だけで抱え込んでしまい、仲間意識から離れてココロが孤立していきます。ひとりぼっちになってしまうと、「不安」はさらに増幅してしまいます。

仲間意識を育むために必要なことは、自分のできるところ、強いところ（条件）だけを見せるのではなく、自分の弱いところ（自分自身）も見せることです。きずなの強い「親友」とは、いいところもダメなところも見せ合える仲のことです。

だから弱音を吐ける場所を探しましょう。古くからの同僚や、信頼できるプロジェクトの仲間。さとるくんであれば、たけしくんとしおりさんですね。やせガマンしない、強がらない。だって今まで強がってきて、もう限界なんですよね？　背負いすぎたプレッシャーを下ろす。ダメなときは「ま、いっか」「みんなに助けてもらおう」というスタンスでいれば、周囲とのつながりが感じられ、不安は減っていきます。

本当に仕事がデキる人とは、悲観せず、反抗せず、不安を自分のものとして、「自らを導くナビゲーター」として使える人です。過剰に恐れず、不安と仲良く付き合っていきましょう！（85ページのコラム【感情全肯定】もご参考に！）

【悲観タイプ】のあなたへ

不安を感じると動けなくなってしまうもの。一度立ち止まって、自分の仲間意識や人から助けてもらう体制を整えて。それが仕事で一番大切なこと！

【反抗タイプ】のあなたへ

がんばれてしまう人が多いので、仕事は進むかもしれませんが、不安を感じたくないがゆえに自分のやり方を強く押し付けて「敵」を増やしがち。不安なときは、「不安なんだ」と誰かに言ってみて。会社の人じゃなくてもいいですよ！

CASE
07

負けん気が強すぎて すぐに人と争ってしまいます

私は昔から負けん気が強く、すぐに人と争ってしまいます。先日も総務部の人を「私の主張の方が正しい」と正論でねじ伏せてしまい、今ではその人に口もきいてもらえなくなりました。いつも「やっちゃった」と自己嫌悪し、こんな自分を変えたいと思うのですが、どうしても行動が変わらず困っています。こんなことを続けていても人間関係は悪化するばかり。人とうまくコミュニケーションを取るにはどうしたらいいでしょうか？

「負けてもいい人」になる。だって負けないから

コミュニケーションとは「通じ合い」のことです。「勝ち負け」を決めるのはコミュニケーションではなく、ただの「戦い」です。

とはいえ、そこまで「勝とう」としてしまう自分を、まずは否定せず嫌わないであげてください。それが肯定です。何度も言うようですが、それは「防御」であって、自分を守ろうとしてやっていることです。

では、**自分は何を「まもろう」としているんだろう、**と考えてみましょう。

たとえば、こんな話があります。理不尽に厳しく、ときには暴力を振るう父親がいた男性。力では父に敵わなかった彼は、そのうち口で立ち向かうようになり、中学校で身長が父を越した頃には、父親を完膚なきまでに言い負かすようになっていました。

彼は、父親と戦うことで自分の「尊厳」を「まもって」きたのです。

このように、「勝ち」にこだわる性質は父親との関係からきている人が多いです。

先の例のように勝たねばならなかった人もいますが、勝つことが絶対だ、勝たないと価値がない、などと教えられてきて、それが染み付いている人もいます。彼らは勝ちという「条件」がないと、自分を肯定できなくなってしまっているのです。

誰しもがこれに当てはまるとは限りませんが、**「自分って、この正論で自分を守っているんだなぁ」と、しっかり感じて考えてほしいのです。**それくらい、他人に自分が脅かされるのではないかと本当は「怖くて不安」なんです。そう自らに共感してみれば、自分がなんだか健気に思えてきませんか？

じっくり自分と向き合ってみたら、そのあとに**「負けてもいい」**と口にしてみてください。もうそんなに自分を守る必要はないし、誰もあなたを責めていないから。

「正論」とは「正義」です。自分が正義を掲げると、「相手を罰していい権利」を手に入れてしまいます。

いつも正義を掲げて戦っていて、結果的に「敵」ばかり作っているようなら、その正義は、たぶん相手からしたらもう「悪」ですよ。

だから「正しさ」や「勝ち」にこだわっていると気が付いたら、「負けてもいい」

とつぶやいてみる。でも、**実際に負けるわけじゃない。「負けてはいけない」「勝たねばならない」といった偏った考えを、逆の方向に引っ張り戻しているだけです。**議論に負けてもあなたの「価値」はなんら変わりませんよ。

本当に大切なものを失ってしまう前に、「負けてもいい」のフレーズを。戦うのをやめたとき、そこに残ったものが本当の「負けん気」で、あなたの個性です。

【悲観タイプ】のあなたへ

悲観傾向の人は、反抗タイプに「正しさ」で上からマウントされて従ってしまいます。「正しさ」を掲げる人からはなるべく離れるようにしてください。あなたは何も間違っていないし、悪くもありません。

【反抗タイプ】のあなたへ

あなたと意見が違う人を即「敵認定」してしまうクセがあります。意見が違う人は「敵」ではなく、「新しい考え方を教えてくれる人」です。

CASE

08

仕事の失敗をいつまでも引きずってしまいます

以前、仕事で大きな失敗をしてしまい、お客さんにも上司にも大変な迷惑をかけました。それ以来、ずっとそのときの失敗を引きずっています。気が付くといつも「私はダメだな」と自分を責めてしまっているし、周囲の目も気になります。これまで楽しかった仕事もすっかり怖くなり、新しいチャレンジにも踏み出せなくなりました。早く過去のことは忘れて前向きにならないと、とアタマではわかっているのですが……。

まずはその感情（＝自分自身）を全肯定しよう

今はとても苦しいと思います。周りの人からの視線も冷たく感じ、罪悪感でいたたまれない気持ちかもしれません。「あんなことしなければ」「こうすればよかった」という後悔もたくさん出てきていることでしょう。

罪悪感も後悔も、失敗に対処できなかった自分が「ダメで悪いんだ」という自己否定です。**失敗を引きずるというのは「自己否定をし続けている」ということです。逆に言えば、立ち直りが早い人は「自己否定をしない人＝自己肯定感が高い人」**です。

だからといって、その罪悪感や後悔を消し去ろうとしたり、無理やりポジティブになろうとしたりしないでください。それこそがまた新たな「自己否定」になります。

実はこれらの**後悔や罪悪感の感情は「もうこれ以上、自分を危険な目に遭わせない」ために出てきている大切な感情です**。その感情によって、同じような状況から自分を遠ざけようとして「まもって」いるのです。

感情=自分自身ですから、まずはそんな自分を肯定し共感してあげる。「大変だったね」「しんどかったね」「罪悪感を感じちゃうよね」「つらい気持ち、わかるよ」と凹んでいる自分に寄り添ってあげて、「怖い」自分を認めて受け入れましょう。

失敗を引きずる人は「失敗=自分のすべてがダメ」という思考になっています。自己肯定感の図（26ページ）を思い出してください。「仕事で失敗した」というのは「条件」の部分。これと「無条件」の自分自身とは分けて考えてみましょう。**大切なのは「そのままの自分自身（=人格）を否定しないこと」**です。

ポジティブシンキングや前向きになることはいいことですが、ココロの土台を整えずに自己否定をしながら「ポジティブな自分」という条件だけを積み上げても、また「不安」に襲われたら簡単に崩れてしまいます。

失敗とは「次に生かす」ものです。失敗から学び、次へとつなげていく。それを「成長」といいます。

本当の成長は、自分自身を否定せず、すべてを肯定した上に培われていきます。

Column

覚えておきたいコトバ④
感情全肯定

怒りも不安も、すべてあなたの味方

不安や怒りといった感情を嫌っている人は多いと思いますが、感情はすべて**「あなたを守り、幸せにするため」**のものです。

ダライ・ラマ14世らによって発表された「感情地図」によると、人間のすべての感情は、5つの基本感情（下図参照）から成り立っていると言われています。感情はすべて自分に必要なものですが、自己肯定感が低くなっている（＝自己否定している）と、「自己防衛」のためのネガティブ感情（＝怒り、嫌悪、恐れ・不安、悲しみ）でいる時間ばかりが増え、人生がどんどんしんどくなっていきます。

また、ネガティブ感情は危険から自分を遠ざける感情なので、周りからも孤立しやすくなっていきます。

ネガティブ感情に無用に振り回されないためにも、自己肯定感をコツコツ整えていきましょう。

ネガティブ感情（まもり）

- **【怒り】**――戦うことで自分を守る
- **【嫌悪】**――危険なものに気付き、避ける
- **【恐れ・不安】**―将来の危険に備える
- **【悲しみ】**――大切なものを失った際の緩衝材、内面を再構築する

ポジティブ感情（発展成長）

- **【喜び】**――安全な場所やより満足・成長させてくれるものを教える

CASE
09

中間管理職になってからやりがいがなくなりました

昇進してマネジャー職を任され、意気揚々と仕事をスタートしましたが、いざフタを開けてみれば現場と上層部との板挟みで苦しいばかり。仕事も大半が事務処理や調整業務になり、バリバリ現場で働いていた昔の自分が懐かしいです。自分でなく部下のミスで謝罪することも多くなり、「これが中間管理職か……」と愕然(がくぜん)としています。今の仕事にやりがいが感じられず、現場に戻りたいなぁとため息が出る日々です。

「1年生」は素直が一番。かわいがってもらおう

まず大前提として、あなたは優秀だからマネジャーに選ばれたのだと思います。ですから、そこにはぜひ自信を持ってください。

今はしんどくてすっかり忘れていると思いますが、**昇進したときの誇らしさやうれしかった気持ちを思い出し、じぃ～んわりと噛みしめてみましょう。感情は「カラダで感じる」ことがとても大切。**すると少し気持ちが落ち着いてきませんか？

さて、あなたはまだ「マネジャー1年生」です。だから、できないことやわからないことがあって当然。うまくいかなくて、やりがいも感じられない反面、仕事の楽しみにもまだ気付いていない可能性があります。

人はすぐに「役割」にとらわれてしまいます。「マネジャーはこうあるべき」「人の上に立つ者ならこうあらねば」、そうやって高みを目指すのは素晴らしいことですが、自分を追い詰めすぎると、ただ自己否定のためにエネルギーを使ってしまい、どんど

ん仕事をつらいものにしていきます。しかし、**まだマネジャー1年生のあなたには、「こうあるべき」が簡単にできるはずもないのです。ですから、ぜひ素直に先輩たちに頼ったり、聞いたりしてみてください。**

上司たちだって、同じ状況をくぐり抜けてきています。もともとマネジャーとしての素質がある人もいますが、多くの人が、現場での能力が認められて、今度はそれを後輩に伝え、指導・育成する側に回れ、と言われたわけで、「翼をもがれた鳥」のようにもがいて四苦八苦した結果、上司としての今に至っているのです。

だから、ぜひ信頼し尊敬できる課長や部長に、「うまくいかないんです……」と本音を見せて、「みなさんはどうやってこの状況を乗り越えてこられたのですか？」と聞いてみてください。1年生らしく人生の先輩たちに教えを請うことができれば、必ずかわいがってもらえるし、仕事の楽しさも見つかっていくはずです。

さらに言えば、**こうやって上司の方々に「かわいがってもらえる資質」を養うことこそが、同時にさらなる昇進へとつながっていきます。**

まあ最悪、現場に戻ってもいいわけですから、プレーイングマネジャーとして自分を生かす道だってあると思います。【ケース04】で書いたように、苦手なことは優秀な部下に任せて助けてもらうのもアリでしょう。

今のあなたは新しいステージに入ったばかりで、「デキる上司」と自分を比べすぎてしんどくなっているだけかもしれません。周囲を仲間にしながら、一歩一歩コツコツと階段を上っていきましょう。そして次に上ってくる人に、ぜひその経験をシェアしてあげてくださいね。

【悲観タイプ】のあなたへ

周りのできる先輩マネジャーたちが、怖く見えていませんか？　素直にココロを開けば、みんな優しくしてくれるはずなので、信じて胸に飛び込んでみましょう！　そうやって「助けてもらえる価値ある自分」を体感してみてください。

【反抗タイプ】のあなたへ

「負けちゃいけない」「弱音を吐いちゃいけない」という気持ちが強く、上司に対して逆に反抗的な態度をとってしまうかも。「負けてもいい（【ケース07】を参照）」を改めて自分に言い聞かせてみて。負けるが勝ち（価値）です！

CASE

10

「なんでもみんなで」という職場の雰囲気になじめません

新しい部署の同僚はみんな親切なのですが、部署内に「一致団結」「なんでもみんなで」という雰囲気があり、ひとりでいるのが気楽だった私はどこかなじめず、居心地がよくありません。ランチも必ず誘われるし、週末のレクリエーションなども頻繁に開催され、「ちょっとメンドクサイな」「イヤだな」と思っても、断るのが申し訳なく、心苦しくなってしまいます。ひとりでいる時間も減ってストレスが溜まっています。

「ありのままの自分」で仲間になる

私たち人間にとって最も大切なものは、実は「居場所」です。

そのため、職場になじめないと「居場所」を作るため、無理やりにでも周囲に合わせようとしてしまいます。集団の「価値観」に従うことが「居場所」を作り、「安心・安全」を得るための一番手っ取り早い方法だからです。

でも、その価値観が「自分自身」を否定しているとしたらどうでしょう?

このケースであれば、**「一致団結」「なんでもみんなで」という「条件」ばかりを重要視して、「私はひとりが気楽」という自分自身を否定してしまっていますよね。**「一致団結」に従うことで、「カタチだけの物理的な居場所」は手に入るかもしれません。

でも、それだと「自分が自分でいい」と思えず、自分の中に自分の居場所がなくなってしまい、自己肯定感がものすごく下がっていきます。

まずはその「断るのが申し訳ない」という気持ち(=罪悪感)を手放してみましょう。

ランチやレクリエーションに参加しないと仲間外れにされるって、**「それって本当？（【ケース01】参照）」**と自分に問いかけてみることが役に立つはずです。

現実的に考えてみても、全員が全員、毎回参加しているわけではないと思います。子どもや家族との時間を大切にしたい、自分の趣味に勤（いそ）しみたい、などの理由で断っている人もたくさんいるのではないでしょうか。

だからあなたも断ってもいいんです。嫌われたりなんてしませんから。**「断っても大丈夫！」**と声に出して言ってみると、だいぶ肩の荷が下りますよ。自分で自分に断る許可が出せない人は、人から許可をもらえばいいんです。親しい人に「行かなくてもいいかな？」と聞いてみれば、「もちろん、いいよ」と言ってくれるはずです。

誰もあなたに自己犠牲をしてまで参加してほしいなんて思っていません。「みんなでいるのが楽しい」という価値観を持った人たちが、仲間になろうとして提案してくれているだけなのです。でも、それがあなたにとって合わないものなら断ればいい。

本当に「受け入れてもらえた」という「安心・安全」は、そのままの自分で人とつながることで生まれます。カタチだけの居場所は必要ありません。

Column

覚えておきたいコトバ⑤
所属感

人は「居場所」がめちゃくちゃ大事

人間は「社会的な動物」と言われます。我々は動物としては弱っちい存在で、本能的な生き残り戦略として「集団を作る」という行動をとっています。

そのため、集団に所属できないという事態は「生命の危機」であり、「安心・安全」が感じられず、「恐れ」が強く出てきます。

とはいえ「オレは一匹狼(おおかみ)だぜ！」と、ひとりでも大丈夫そうな人を見かけることもありますよね。ただ、そういう人も実は「会社」や「○○県」、「日本」など、どこかしらに所属感を抱いていたり、そもそも「一匹狼」という枠に所属することで、安心・安全を得ていたりします。

自己肯定感の源泉は、「私には居場所がある」という所属感であり、その正体は「受け入れられている」「ありのまま肯定されている」といった安心感と満足感です。**そしてその中でも最も大切なのが、「私は私の中に居場所がある＝自分への肯定」**です。

居場所がないと、人は自ら命を絶ってしまうことさえあります。それは物理的な居場所というよりも、「私は誰にも理解してもらえていない、受け入れてもらえていない」というココロの中での所属感のなさによるものです。

会社でも、この「所属感」を感じられる環境を作っていくことが、安心して力を発揮できる原動力になります。

CASE
11

仕事と家庭の両立が大変でうまくいきません

2年前に待望の第一子が生まれたのですが、家庭のことに多くの時間を取られるようになり、これまでのように仕事で十分に成果を出すことができなくなりました。それで「もっとがんばらなきゃ」と焦りや不安を感じています。その一方では、大好きな子どもとの時間をもっと持ちたい、おろそかになっている家事もしっかりやりたい、家庭を大事にしたいという気持ちも強くあり、仕事と家庭の間で悩んでいます。

「本当に大切なもの」はなんですか？

子どもを持つ親なら、多かれ少なかれ誰もが感じている悩みかもしれませんね。家庭と仕事の両立、みんなはどうやって対処しているのでしょうか？

今のあなたは「やるべきこと」や「やらねばならないこと」に囲まれていることでしょう。ただ「べきねば」が多くなればなるほど、それが本来の自分自身への否定となり、自己肯定感を下げていってしまいます。

なので、できるだけ「べきねば」を手放していきたいところですが、**その前にあなたが何をおいても「やるべきこと」がひとつだけあります。それは「本当に大切なものを大切にすること」**です。

あなたがやるべき仕事と家事に追われ、忙しさで「自分の幸せ」を感じられていないのであれば、あなたはココロの余裕をなくし、イライラしてきます。子どもに当たってしまったり、パートナーと不仲になってしまう恐れもあります。

もしあなたがこのまま仕事と家事・育児をすべて抱え続けると、過労でココロもカラダも壊してしまうかもしれません。あなたが仕事を減らしても、会社は倒れることはありません。でも、あなたが倒れたら、あなたの愛する人たちが悲しみます。社員の代わりはいくらでもいますが、家族にとってあなたの代わりはいないのです。

仕事と家庭、どちらが大切かと言われたら、ボクは「家庭」と答えます。でもその価値観を人に押し付けようというわけではなくて、人によって「仕事」と答えることももちろんアリだと思います。時と場合によっても変わってくるでしょう。

ただ、**あなたの時間やリソースは有限ですから、その配分には必ず優先順位を付ける必要があります。「本当に大切なものを大切に」できていないと、あなたは幸せになれません。**今、あなたにとって大切なものを最優先し、それを「軸」にできて初めて、具体的に「何を手放すか」を考えられるようになります。家庭を優先するのなら、仕事は迷わず人に頼る。仕事を優先するのであれば、しっかり子どもを自分の親やシッターさんに預ける。そういうことを、現実的に決めていけるのです。

そして週末だけはしっかり家族のために時間を確保してスキンシップを図る。**子育ては量より質です。**仕事を優先しても、もちろん家族を大切にすることはできます。

ただ「私ががんばってガマンすればいい」という「自己肯定感を下げる思考」から抜け出すことで、協力を頼んだ相手への感謝も素直に出てくるようになりますし、結果的に両立ができて「二兎(にと)を得る」ことも可能になります。

「本当に大切なものを大切にする」。これが自己肯定感と人生の充実度を上げる最も重要な考え方です。いつも自分に問いかけるようにしましょう。

【悲観タイプ】のあなたへ

人に協力を依頼する際に「罪悪感」を覚えてしまいそう。「すみません」と謝罪するのではなく、「ありがとう！」の気持ちでみなさんの協力を受け取って。

【反抗タイプ】のあなたへ

すでにがんばりすぎていて、人に頼むときに「やってくれて当たり前」と思ってしまいがち。頼るなら「自分ができる」ところを、あえて最初から人に渡してみて。

CASE

12

仕事を辞めたいと思うけど辞める踏ん切りがつきません

もうだいぶ前から、「こんな仕事も人間関係もイヤだ！　会社辞めてやる！」と思っています。でも、転職しても給料は下がりそうだし、個人で働けるほど突出したスキルもありません。今の仕事を途中で投げ出すのもなんだか申し訳ない気がするし、結局、毎月給料がもらえる今の環境が手放せず、気付けば何年も経ってしまいました。こんな優柔不断で「決められない」自分がほとほとイヤになり、今は将来への希望も持てない状況です。

自分の中の矛盾は、自分を幸せにしたいから

会社とは生活手段であり、自己実現の場でもあり、人生の大半の時間を過ごす場所でもあります。それほどまでに自分にとって重要なものなので、辞めることに躊躇（ちゅうちょ）し、職を変えることに不安を感じるのは当然のことです。

しかし「辞めたいのに辞められない」と矛盾の中で葛藤している状態はとても苦しいですよね。決断ができない自分を不甲斐（ふがい）なく思うと自己肯定感も下がります。

矛盾って、「矛（ほこ）」と「盾（たて）」って書くんです。矛も盾も戦う道具。自分の中で「辞めてやる！」という自分と、「辞められない！」という自分が戦っています。そういえば「葛藤」という言葉も「争い・悶着（もんちゃく）」という意味があります。

では、なぜ私の中の「私たち」が戦っているのでしょうか？

それは**「辞めてやる！」という自分も「辞められない！」という自分も、両方が「私を幸せにしてあげたい」と思っているから**なんです。

人間は他の動物と違い、自分の中にたくさんの「自分」を作ることができます。そ

の自分たちが常に、こうした方がいい、ああしないと危険だ、と自分の「最善」を求めて、一生懸命に考え、議論してくれているのです。そんな「自分たち」の集合体である「私自身」を嫌ってはかわいそうです。まずはそんな自分たちを「真剣に考えてくれているんだね、ありがとう」と抱きしめてあげてください。胸をさすったり、後頭部を撫でてみると、本当に気持ちがラクになりますよ。

会社を辞めるのには大きな「勇気」が必要です。勇気は「精神の安定」、つまり自己肯定感がある状態でないと出てきません。勇気が出ないと、現実の困難に立ち向かうチャレンジもできなくなります。

自分を嫌い、自己否定を続ければ、おのずと自己肯定感を失い、さらには「まもり」に入ってしまうことで、より決められず、動けなくなってしまいます。

大切なことなのだから、大いに悩みましょう。たくさんの「自分たち」の意見をまずはそのまま肯定し、理解し、共感し、吟味してみましょう。そうやって**自分への肯定を積み上げていった人だけが、初めて未来の自分の可能性を信じてみることができ、ある日、「エイッ」と決められる人になるのです。**

また、その過程で自己肯定感が育っていけば、今の会社での人間関係がよくなって、辞めるという選択肢自体が消えていく可能性だってあります。

もし新しい会社に飛び込んだとしても、その会社が自分を幸せにしてくれるわけではありません。それが自分と向き合うことからの「逃げ・否定」であれば、必ず新しい場所でも同じようなことが起こります。

自分を信じて行動してみた勇気と、「私が私を幸せにするんだ」という意志が、新しい会社での幸せと成功を生みます。それこそが「自分が自分でいい」という自己肯定感です。

【悲観タイプ】【反抗タイプ】のあなたへ

「会社行きたくない」理由の大半は「人間関係の悩み」です。あなたの周りの人間関係は、「自分が自分をどう思っているか」の映し鏡なので、自己肯定感を育てていけば、必ず改善していきます。会社を辞める前に、自分自身と一度向き合うことで、目の前の人間関係にトライしてみましょう。その上で、もちろんそこから「去る」という選択をするのもあなた次第です。

弱さや怖さも受け入れてみる

自分を肯定するってこと、ちょっとはわかってきたかな？

「不安」や「恐れ」を肯定するという考え方が衝撃的でした！　私、いつも隠そう隠そうとばかりしていたわ。それだけ周りを恐れて「まもっている」ってことね。

自己肯定感を育てていく上でなにより大切なことは、「自分の感情や気持ちを否定せず、そのまま受け入れること」なんだよ。怖くていい、不安でいい、怒っているんだ、イヤなものはイヤ、悲しいときは悲しい。無理やりポジティブにするんじゃなくて、ネガティブな自分も受け入れると、自分は自分でいいという安心感が生まれるんだ。

「不安」を認めるなんて、自分の中では「弱さ」だと思っていたし、そんな泣き言を言う人のこともどこか見下していました。だって弱さを認めたら、とことん弱くなっちゃう気がするもん。というか、今でもまだ受け入れられていないけど……。

「肯定」するっていうのは「そのままを認める」ってこと。「怖い」自分に反抗するのは、ただの「強がり」なんだよね。**自分の弱さや怖さを認めた上で、「じゃあどう行動するのか」と考えられるのが、自分を受け入れた本当の「強さ」**だよ。

ボクはいまだに「自分自身（無条件）」と「仕事（条件）」を一緒に考えてしまっているときがあるなと気付いたよ。仕事を上手に回せないと、すぐに「自分はダメだ」と思ってしまうし、人と比べて落ち込んじゃう。でも**「自分の価値は変わらない」**んだね。長年のココロのクセは、なかなか取れないな。

子どもの頃からの「ちゃんとすべき」「できないって言っちゃいけない」なんていう思い込み（＝自己否定）に縛られている自分にも、たくさん気が付いたわ。

そう、最初にも言ったけど、それって全部「ココロのクセ」なんだよね。ボクたちはいつも無意識にいろんなカタチで自己否定を続けているんだ。だから「気付いて手放す」ことを繰り返して、カラダになじませていくことが大事なんだよ。

それができない自分にもＯＫを出しながら、ってことだね。ただ、クセに気付くのは自分では難しいんだよね。だからみんなで教え合えたらいいんじゃないかな？

それ、いいね！　さとるやたけしの言うことなら、イタイところを指摘されても素直に聴けると思うわ。

オレのクセはだいぶ根強いと思うけど、「強がって」ばかりいる自分じゃ、かっこ悪いもんな。とりあえず、正論で追い詰めちゃった総務の人に謝ってこよう……。

そうやって、すぐに行動に移せるたけしはかっこいいと思うわ！

3人はホントにいい仲間だね。仲間と一緒にいれば、自分を隠さなくていいから、自己肯定感がどんどん育っていくよ。

さあ、次の章では、**部下や後輩、同僚との付き合い方**について話をしていくね。

第3章

「部下・同僚」がヤヤコシイ！

ケーススタディ13～22

CASE

13

指示に従わない自分勝手な後輩に困っています

新規事業の開発を行う新設部署へと配属となり、初めて部下と言える後輩ができました。しかし、その彼女とまったくウマが合いません。自由というか自分勝手な性格で、指示を出しても、その指示を無視したような資料を作って持ってきたり、勝手気ままに意見を変えたりと、私の思ったように動いてくれません。結局、彼女に仕事を頼むのも億劫（おっくう）になってきて、自分でやった方がマシだと、大量の業務を抱えてしまっています。

後輩の真意はなんだろう？ そこに共感してみる

もしかするとあなたは「新しい職務」と「部下」という2つの〝初めて〟に大きなプレッシャーを感じているのではないでしょうか？

そうして「恐れ」が強くなり、防衛モードが発動すると、指示に従わない後輩の彼女が「協力的な仲間」ではなく、「私の業務を妨害する敵」に見えてくるかもしれません。妨害されていると感じれば、**彼女をどんどん自分の「正解」へとコントロールせねば、という思考になっていくことでしょう。まずは「そんな自分がいるのかも」と、ちょっと客観視してみてください。**

彼女もきっと新しい仕事に希望を持ってやってきたひとりです。もしかすると、彼女は彼女なりに「新しい提案」をしたい、すべきだ、と考えているのかも。「言われたことをそのままやる」よりも「広げる、付加価値を与える」方がいいと考え、さまざまな発言をしているだけなのかもしれませんよね。

お互いの「よかれ」がすれ違って意思疎通がうまくいかないことは、往々にしてあります。アタマではそう思えなくてもいいので、まずは「彼女は仲間」と3回声に出して言ってみましょう。ちょっと意識が変わってくるはずです。

次に、時間を取って新しい事業に対する夢や考え方について、後輩とざっくばらんに話をしてみましょう。「私の正解」に染める前に、彼女の自由な発想や提案を一度聞いてみると、思わぬ考え方に触れられるかもしれませんよ。

その上で、**彼女は自由な人ですから、指示や役割分担の明確化をするといいでしょう。**「この部分は全部あなたに任せる」「スケジュールが決まっているから、これは私の指示通りに仕上げてきて」など、仕事の境界線や優先順位を示してあげるのが大切です。それこそが、彼女の発想を生かしながらあなたの負担もなく、上手にすみ分けして働ける方法です。

危険や不安を感じると、どうしても周りを信じられなくなってきます。「〝初めて〟だらけの中でよくがんばってるね」と自分をねぎらいながら、いきましょう。

Column

覚えておきたいコトバ⑥
「共感」と「同意」

コミュニケーションの最重要基盤

【共感】
相手を肯定し、理解すること
相手がそう思うことを尊重すること

【同意】
「私もそう思う」と相手の考えに賛同すること

どうしてもウマが合わない相手だと、その人の考え方に「同意」できないことがほとんどかもしれません。でも、その考えに「共感」することはできます。

「共感」は「同意」と混同されやすいのですが、別物です。「同意」は文字通り「同じ考え」を持つことで、「共感」は「共に感じる」ということ。相手の思いを「良い・悪い」「正しい・間違い」でジャッジせず、そのまま「肯定」し、相手が思っていることを「理解」し、**「なるほど、あなたはそう思うんだ」**と一緒に感じてあげるのが共感です。

自分の自己肯定感が下がっていると、ココロが「まもり」に入り、他者からの自分と異なる意見を受け入れることが難しくなります。

他者への「共感」を練習していくと、同時に自分にも「共感」できるようになっていきます。自分の思いも、それが一見ネガティブに見えることでも否定せず、「なるほど、そう思うんだね」と受け入れること、これが「共感」で自己を肯定するということです。

CASE

14

指示待ち部下のやる気ってどう上げたらいいんですか？

業務スタッフを何人も抱え、まとめる立場なのですが、みんなが私の指示通りにしか動かないのでイライラします。「自分のアタマで考えろ」「新しい企画を持ってこい」などと叱咤激励しているのですが、それでもまったく動く気配がないのです。自分で考えて動かないのなら、ロボットでもいいのでは？　とさえ思ってしまいます。彼らのモチベーションを上げるには、一体どうしたらいいのでしょうか？

「自ら動き出したくなる空気」の作り方

部下が動かない。それも実は**「不安・危険」**からと考えてみるとわかりやすいです。しかも、その理由は大きく分けて2つしかありません。

ひとつはスキルや経験不足により〝動けない〟という直接的な「不安・危険」によるもの。もうひとつは、上司からの強制で「やらされ仕事」だと感じ、イヤイヤと反抗して〝動かない〟。こちらは無理やり自分を変えられることへの「不安・危険」で、どちらも自らを「まもって」いる状態です。

あなたがイライラするのは、自分の中の「こうあるべき」に相手が反しているから。あなたはきっとバイタリティにあふれた人なのでしょう。だから「成長することが楽しい」し、「努力したい」と思っている。素晴らしいことですが、それが相手に対する「成長・努力すべき」の強制に変わると、抵抗（反抗）に遭ってしまいます。

では、どうしたらいいか？　やっぱりすべては「肯定」からです。まず現状を認めるところから入ってみましょう。

あなたは「指示通りにしか動かない」と言いますが、今、指示通り動いてくれているのであれば、それだけでもすごいことですし、彼らは優秀なのかもしれません。まず今の彼らのそのままを肯定し、そこに感謝してみるところから始めてみましょう。プラスアルファの「条件」部分を期待するのは、それからでも遅くありません。

本当のモチベーションとは、外から与えるものではなく、内側から湧き出てくるものです。外から与えるのはアメ（報酬、褒め）とムチ（叱咤）による「操作」です。まあ、それが必要な場合もありますが、それをしている限り、彼らが「自分から動く」ことを期待するのは難しいでしょう。

仕事には自分で考え、自分で決めたという「自由裁量」の部分がないと、モチベーションは湧き上がってきません。そのために自由な発言を許したり、信じて任せ、失敗してもチャレンジを認めてあげたりと、本人たちの意思を尊重していく必要があります。それが部下の自己肯定感を育てていくのです。

仕事ができると自分で思っている上司は、「オレが正しい」という思いが強く出てしまっていることがあります。部下の持ってきた意見を自分の「正しい」に染めてしまっていないか、気を付けたいところです。

ぜひ**「部下が自ら動きたくなるような空気」を作り出すのが自分の仕事だと思って取り組んでみましょう。**少しずつ、できるところからで結構です。なお、この話は指示が細かい上司に関する【ケース25】（158ページ）や【コラム①：心理的安全性】（52ページ）とセットになりますので、ぜひそちらも読んでみてください。

【悲観タイプ】のあなたへ

リーダーよりもサポートに向いています。「どうせなら彼らに全部任せてみよう」ぐらいの意識で、部下が働きやすい環境を整えることに徹してみましょう。

【反抗タイプ】のあなたへ

「部下がダメだから動かない」と考えがちですが、部下はあなたを脅かす敵ではなく、あなたを助けてくれる仲間のはずです。「上に立って引っ張らねば」と考えすぎるとしんどいので、「仲間だったらどう接するかな」と考えてみてください。

CASE

15

後輩の悩みに100%答えてあげられず無力さを感じます

後輩たちから、仕事についての不安や悩みの相談をよく受けます。しかし、もう入社15年目だというのに、なかなか彼らが納得いくような立派な答えを返してあげることができず、もどかしさを感じます。ビシッと方向性を示したり、もっとポジティブな気持ちにしてあげたりしたいのですが、それができない自分の無力さを痛感し、まだまだだなと思ってしまいます。もっと頼りがいのある先輩になりたいです。

そのままの姿こそ「安心・安全」を与える

あなたは本当に誠実な人なんですね。その後輩思いなところ、まずは自分で自分をしっかり褒めて認めてあげてください。

ボクはカウンセラーなので、「人の悩みを聴く」ことが仕事です。そんな自分でも「100%の答えを出す」のは無理です。それ以前に、**他人の悩みに答えを出してしまうのは、自分で考えるチカラを奪うだけで、相手を依存させる行為です。**あなたも、後輩の力になりたいと言っても、過度に依存されたら困ってしまいますよね。

それに、こちらの思う「答え」と、相手が本当に必要とする「答え」は違うかもしれません。**「答え」はすでに相手の中にあると「信じる」。それを引き出すのがカウンセラーの仕事であり、この場合のあなたの役割でもあります。**

あなたが後輩たちに示すべきは、「まだまだ未熟なこんな自分でも、なんとかやっているよ！」「だから君たちも大丈夫だよ！」という、「不完全な自分を受け入れている＝自己肯定感を持ったあなたの姿」です。その姿が後輩くんたちの「安心・安全」を育てるのです。安心・安全を感じられれば、「本来の自分でいても大丈夫」「失敗しても大丈夫（チャレンジできる）」と思えます。それこそが、本当に後輩くんたちの求めている「答え」です。

あなたが無理やり後輩たちをポジティブに持ち上げようとする必要はありません。それがかえって、彼らの「不安な感情」への否定になることもあるからです。

まずはじっくり話を聴いて、「不安だよな」「悩んじゃうよな」と共感してあげてください。それだけでも「聴いてくれる人がいる」という安心感につながりますし、不安を外に出すだけでもココロの負担は軽くなります。

加えて、あなたのありのままの経験を話してあげることができたら、彼らは勇気を手に入れ、自ら道を切り開いていくはずです。また、そうやって人に寄り添ってもらえた経験を得た彼らは、続く人たちに対しても、同じように寄り添って話を聴いてあげられるでしょう。

立派で完璧な人を目指すのもいいとは思いますが、行きすぎると自己肯定感を下げることにもつながります。ありのままの自分を出すこと。わからないことは「わからない」と言い合える仲間になること。その上でもちろん、少しくらい先輩らしくかっこつけて、相談に答えたいというのは、いいと思いますよ！

せっかく持っている誠実な気持ち。それを、自分を責める材料にしてしまっては本末転倒です。

【悲観タイプ】のあなたへ

自分の時間や体調を犠牲にしても、人の面倒を見すぎてしまうところがあります。「話を聴いてあげるべき」と義務を背負う必要はありません。余裕のあるときだけで大丈夫。

【反抗タイプ】のあなたへ

かっこつけて、いらぬアドバイスまでいっぱいしちゃいそう。後輩くんが欲しいのは、自分の思いへの「共感」や、自分を「信頼」する勇気だということを忘れずに。

CASE
16

「年上の部下」との接し方がわかりません

若くしてマネジャーとなったところ、自分よりも年上でベテランの社員が私の部下になりました。仕事中のやりとりで私が意見を伝えても「これだから、わかっていない人は」などと不機嫌な態度で言われたり、挨拶しても返事もしてくれなかったりと、年配のオジサンはとても扱いづらく困っています。もっと毅然(きぜん)とした態度でいたいのですが、この「年上の部下」をどうしても好きになれず、苦手意識が拭えません。

「人生の先輩」の胸に飛び込んで頼っちゃえ！

これはやりにくそうですね……。年上というだけでも気を遣うのに、あなたより経験も上だというなら、なおのことです。

日本にはまだまだ「年功序列」の考え方が染みついています。さらに「年上の人を敬う」というか、「年齢が上の人の方がえらい」みたいな感覚も根強く残っています。さらに年齢層が上がれば上がるほど、その影響も強そうです。

とはいえ、人は等しく、平等で尊いものです。誰がなんと言おうと、そうです。そうでないと「自己肯定感」について書いたこの本が成り立ちません（笑）。

「年長者を敬う」文化については、ボク自身もそれが秩序を保つために必要だろうと思っていますが、**「無条件の肯定」＝「人として平等」と、「条件による肯定」＝「年齢やスキルを特別視する」というのは、分けて考える必要があります。**

まず年配でベテランの人は「変えられる」のをとても嫌います。これまでのプライドもあって「オレのやり方が正しい」と思っているので、自分と同じではない意見は、どれも「否定された」ととられてしまう恐れがあります。

そういう人たちには、まず胸に飛び込むつもりで「頼って」みましょう。

あなたが若くしてマネジャーになったのなら、仕事がデキる人なのだと思います。だとすると、「頼る」のはあまり得意でないかもしれません。

素直に「頼る」ためには、これまでの経歴や成果、「自分の方が上の役職なのに」といった余計なプライド＝「条件による肯定」を手放し、「ありのままの無条件の自分」で、素直に相手と接する必要があります（26ページの図を参照）。

そうしたときに、初めて相手も「年齢」や「ベテラン」といった「条件」で自分を守るのをやめてくれる、かもしれませんし、くれないかもしれません（笑）。

それでも、「先輩の知恵を貸してください！」という態度で接していれば、きっと相手がココロを開いてくれる日もくるはずです。まずはあなたから信頼しないと、相手からの信頼は得られません。

日本文化に根ざした「上司と部下」という関係性にこだわりすぎる必要はありません。上に立つ必要もなければ、下に入る必要もないのです。ただただ、仕事のパートナーとして、自分を助けてくれる存在として、相手を尊重してみましょう。それが反抗して守りに入っている部下自身の自己肯定感を育てます。

そもそも、実は経験豊富なベテランが部下にいる状況は、とても恵まれていることかもしれませんよ。

【悲観タイプ】のあなたへ

もともと年上男性が怖くて苦手、という人も多く、相手の発言を悲観的にとらえてしまいがち。でも、その人の反抗的な口調も「ベテラン」を強調するところも、攻撃ではなく「防衛」だということを忘れないで。変えられるのを恐れているだけです。

【反抗タイプ】のあなたへ

年上男性に対して、自然と反抗的な態度が出てしまう場合、父親の記憶と混同していないか考えてみてください。「もうお父さんから卒業します」という言葉も役に立つかもしれません。

CASE
17

悪口やゴシップばっかりまき散らす同僚がイヤです

いつも同僚の悪口や陰口、社内のゴシップ話など、職務とは関係のない話ばかりをしてくる同僚がいます。私はそんなくだらないことに興味はありませんし、仕事の邪魔になるのでとても困っているのですが、しつこくしゃべりかけてきます。冷たくあしらうと、今度は私の悪口を言いふらされそうなので、仕方なく聞いているのですが、もううんざり。こういう人とは、どう付き合っていくのがいいのでしょうか？

余裕があれば「気持ちだけ」受け取っておいて

世の中には、他人の悪口や陰口が大好物という人がいます。実はボクも、このケースとまったく同じ状況に遭遇したことがあります。

ボクはその人の悪口を何度も何度も止めようとしました。「そういうことを言わない方がいいよ」「○○さんだって悪気があったわけじゃないんじゃない？」。しかし、止まらないどころか、こちらの制止の言葉に被せるように話を続けるのです。

結局、できるだけ距離を取るぐらいしか対処法はなく、それでも必要があって会話をすると、やっぱり悪口・陰口ばかり……。「ああ、この人はダメだ」「この人はこういう性格なんだ」とうんざりしながら、あきらめることしかできませんでした。でもあるときふと気付いたのです。**「ああ、この人はボクと仲間になりたかったんだ」**と。

他人の悪口が「楽しい」と思っている人は、自分が「楽しい」と思っていることを共有したいわけです。だから、**その人は悪口や陰口を伝えることで、ボクとつながろうとしていたのです。**

しかし、それは**劣等感が強く自己肯定感が低い人がその裏返しとして、陰口を言うことで優越感を得ているだけ。**しかも本人の前では言えない〝エア〟マウント行為です。悪口・陰口を言う人たちは同類でつながりますよね。でもこれは「親しくなった」のではなく「なれ合っている」だけ。信頼に裏打ちされた本当の「きずな」ではなく、いつでも裏切り、裏切られるニセの「親しさ」です。

それに気付いてから、ボクはその人の悪口を「なるほど、そうかもね～」「教えてくれてありがとう」と一度受け取ってみることにしました。するとどうでしょう。驚いたことに、止めようとしても止まらなかったその人の悪口が止まったのです！

これまで「言わない方がいいよ」と制止してきた言葉は、全部その人への「否定」になっていました。その人は、「私のことをわかって」「私だってすごいんだよ」と言いたくて、そして「ボクと仲良くなりたい」と言っていただけでした。

肯定が欲しくて、仲間が欲しかっただけなのです。それがねじ曲がってしまって、人の悪口となって出てきていたのです。

なーんだ、そういうことかと一度気が付いてしまえば、悪口もあまり気にならなくなり、躍起になって止める必要もなくなりました。テキトーに受け流して、別の話題に持っていくという高等テクニックも覚えました。さらに、その人のいいところを褒めてあげるようにしてみたら、悪口を言わないどころか、いい情報を持ってきてくれる仲間になりました（他ではまだ言っていたようですが……）。

- **人はわかってほしいだけ（共感）**
- **人はつながりがほしいだけ（安心・安全）**

それさえわかれば、目の前の人の不可解な行動も理解することができますよ。

【悲観タイプ】【反抗タイプ】のあなたへ

「私も悪口を言われる」と恐れて悲観すると支配されてしまいますし、「悪口は悪いこと」と正義を掲げて相手を裁きに（＝否定しに）いくとバトルになってしまいます。どちらの場合も「あの人は敵じゃない」と自分に伝えてあげてください。もちろん、その上で「こんな人は嫌いだ」と離れる選択をすることも自己肯定です。

CASE

18

何か言うと「ハラスメント」反抗的な部下に困っています

新しく私の下についた部下が、とても反抗的な態度をとってきます。何かと口答えをしてきたり、こちらの指示を無視したり、挙句の果てには「イヤです」と断ってくることさえあります。こちらが勤務態度を改めるように言うと、「それってハラスメントじゃないですか」と騒ぎ立てます。こんなにも大人げない部下がいるのかと思うと、腹立たしいやら、悔しいやら……。どのように接したら、彼を変えることができるでしょうか?

根気はいるけど、「わかってあげる」

なんともわかりやすい反抗タイプですねぇ……。上司としては、こういう部下がいるとかなり凹んで、自己肯定感をくじかれると思います。

でも、ここでコチラが悲観的になってしまうと、ナメられて反抗を助長してしまいます。だからといって「間違っている！」と怒りで変えようとすると、それは相手への否定となるので、より反抗がエスカレートし、関係が余計にこじれていきます。

ここまで反抗的なら、その部下は相当に自己肯定感が下がってしまっていると考えていいでしょう。**結論から言えば、部下の態度は、「私をわかって！　ありのままの私を見て！　肯定して！」というサインです。**

この反抗度合いからすると、部下は幼い頃より親から肯定や信頼、承認といったものをほとんどもらったことがないのかもしれません。「わかってもらえない」「言っても理解してもらえない」。そんな環境で育ってきたから、怒りで訴える。彼はそうやって周囲に反抗し、衝突しながら、これまで生きてきたのかもしれません。

まずは自分の気持ちに「腹も立つよね、当然だよ」としばらく寄り添ってあげましょう。その上で、**「彼にはそんな過去があるのかもなぁ」「それでスネてしまったのかなぁ」と想像を働かせてみましょう。**金八先生に反抗する不良生徒たちも「自分をわかって、私を見て！」と言っているのです。コチラが信頼できるに足る人物なのかを試している、と言い換えてもいいかもしれません。

部下が上司（≒過去の親）を信じられないでいると、上司に本音を言うことができません。本音が言えないから「安心」できず、また防御で反抗的な態度に出てしまう、というループに陥ります。不満や不安があるのにそれを口に出せない、上手に自己表現することができない。**「怒っている人や反抗的に見える人は、自分の気持ちをわかってもらえず困っている」**ことが多いのです。

具体的にできることは、まずは「私は敵じゃないですよ～」という態度で、部下の話をしっかり聴いてみるところから。部下自身が今どんなことを考え、感じているのか。部下が大切にしたいことや価値観をじっくり聴いてみて、どこに不満や不安、恐れがあるのかを聞き出し、彼が「安心・安全」を感じられるように仕事内容や職場環境を改善していきます。

彼の反抗的な言葉や態度は、すべて「わかってほしい」を伝えるための「ダミー」と考えてください。「ハラスメントだ！」という言葉は、実際にハラスメントをしていないのであれば恐れることはありません（恐れると自分が悲観・反抗まっしぐら！）。

これをコツコツと続けていき、相手がこちらを「敵認定」せず、ココロを開いて接してくれるのを待つしかありません。なかなか根気がいりますが、「自己肯定ファースト」で気長に取り組んでいきましょう。

ここまでヤヤコシイ人を乗り切ることができれば、他の人間関係もほとんどクリアできるようになりますよ！　もちろん、こんな部下なんて知らんと無視することも、怒りで支配下に置くことも、あなたの選択であって、それはそれでOKと思います。

【悲観タイプ】【反抗タイプ】のあなたへ

彼の反抗的態度は「彼の課題」（153ページのコラム参照）だと切り離して考えましょう。彼の怒りや反抗は、「私自身の価値」とは関係がありません。

CASE
19

新人スタッフがすぐに辞めてしまい困っています

私は店舗の運営を任されているのですが、若いバイトスタッフがすぐに仕事を辞めてしまうので困っています。仕事の内容には文句ばかりで、気に入らないとすぐに「辞めます」。雇っている側の私たちが下手に出て、おだてたり、なだめたりするしかなく、なんだかやるせない気持ちです。私たちの世代はガマンしながらがんばって仕事を覚え、やっと一人前に働けるようになったと喜んだものですが、どうやってこらえ性のない若者と接したらいいのでしょう？

「ガマンしてがんばる」思考からの脱却を

知り合いにスーパーの店長さんがいますが、仕事で何が大変かというと、バイトの確保と育成、そして勤務のシフト組みだそうです。人材関係全般ということですね。雇った人にすぐ辞められてしまうのは、雇う側からしたら、かけた労力がすべてリセットされてしまうということなので、とても困った問題だと思います。

ただ残念なお知らせですが、若者たちにとって仕事選びは、私たちの頃よりもずっとカジュアルなものになっています。「石の上にも3年」はもう昔の話。「正社員」という言葉も安心・安全を約束してくれない今、若い人たちが「ここは合わないな」と感じたらすぐに辞めてしまうのも当然の流れかもしれません。

ところで、**「がんばる」には2種類あることをご存じでしょうか？ 「楽しくがんばる」と「苦しさをガマンしてがんばる」の2つです。**

若者たちが「こらえ性がなくなった」というのは、ある意味で事実の部分もあるでしょう。しかし私たち（30代後半以上）の世代は、「がんばる」ことと「ガマン」する

ことをイコールと考えすぎているのかもしれません。

辞めていくバイトくんたちのように**「イヤなものはイヤ」「だから辞める」と言って行動できることは、ある意味、自己肯定感が高いとも言えます。**自分の気持ち（感情）に素直で、「ガマンすべき」であるとか「イヤでも耐え続けるべき」といった自己否定の思い込みがない、ということです。**「ガマンして、がんばって認められるようになるまでがんばる（他人軸）」よりも、「好きなことだからがんばれる（自分軸）」に時代はシフトしています。**これは世代による価値観の大きな転換であって、自己肯定感の観点から見ればいいことです。

その価値観の違いを「相手が悪い」と反抗していても、バイトくんたちが来てくれるようにはなりません。それどころか、時代から取り残されていくばかり。どちらにせよ、雇う側が最初から「ガマン」を強制したり、若者を「こらえ性のないヤツら」と思っていると、その思いはあなたの態度から漏れ出て、伝わってしまいます。

だから価値観の違いを受け入れ、彼らに「安心・安全」や「楽しさ、やりがい」を提供できるよう自らをシフトしていく、と考えた方が、自分の自己肯定感を育てていくためにも建設的だと思います。

だからといって、彼らに媚びろとは言いませんし、叱るときは叱るべきです。ただし、その際は**行動（条件）を叱るのはいいですが、人格（無条件のその人）を否定しないよう気をつけましょう。**彼らの行動には必ず意味があり、彼らの言うことにも学ぶべきところが必ずあります。素直に腹を割って職場の改善ポイントを話し合い、そしてコチラの要望も「当たり前の押し付け」にならないように伝えてみましょう。

「ガマン」が前提でなく、本人たちの気持ちを理解し、本人たちの良い面や得意な面を生かせるよう適材適所へと割り振り、そこで楽しく働いてもらう。信頼して見守り、いつも仲間でいる。「そんな神様みたいなことできないよ〜」と思う自分にもＯＫ。できることからコツコツやっていきましょう。

【悲観タイプ】【反抗タイプ】のあなたへ

今の中間管理職の世代は、学校や社会から「弱点克服思考」を叩き込まれています。だから「イヤなことをガマンして克服する」ことが根っから染み付いています。それを今、変えていくタイミングなのだと思います。

CASE

20

言い訳ばっかりの部下にイライラしてしまいます

私の部下は、言い訳ばかりして仕事を進めようとしません。「でも」「だって」とできない理由ばかりを持ってきては、なかなかチャレンジしようとしないのです。「失敗はチャレンジした証(あかし)」だと思っているので失敗自体をとがめるつもりはありませんが、その言い訳がやけに鬱陶しく感じてしまい、つい「言い訳するな！　とにかくやってみろ！」と部下を叱りつけてしまいます。仕事なのだから、なんとかやる気になってもらいたいのですが……。

人に言いたいことは、そのまま自分にも言いたいこと

グチグチと言い訳をされたら腹が立つのはわかりますし、仕事ですから「とにかくやってみろ！」と怒りたくなるのも当然です。しかし、言い訳をしている当人はその言い訳で自分を「まもって」いるので、怒られるほど恐れが増し、より守りを固めてしまいます。「じゃあ甘やかせって言うの⁉」という声が聞こえてきそうですが、**自己肯定感を育てることは甘やかしではなく、相手に恐れを手放してもらい、自ら勇気を出して動いてもらえるように接すること。**そのためには少々、工夫がいります。

怖くて前に進めない部下に「とにかくやってみろ！」と言うときは、相手への共感と信頼がセットで必要です。「君が恐れているのもわかる」という気持ちと、「あなたならできると信じている」という気持ちを持って、「私は仲間だからいつでもサポートするよ」という態度で接すること（47ページの図を参照）。これらが「安心・安全」を与え、チャレンジする勇気を育みます。「失敗はチャレンジした証」だと思っていることも、改めて言葉で伝えてあげられたらいいですね。

「こいつダメだな……」という態度で相手を動かそうとしても、上司から信頼をもらえず悲観した部下と、反抗的に人をコントロールしようとする上司の組み合わせになってしまい、うまくいきません（138ページの【ケース21】も参照）。

そもそも、日本人には「言い訳してはいけない（禁止）」という強い思い込み（自己否定）があります。今これを読んで「そんなの当たり前」と思った人は要注意。これまでの話に出てきたように、たけしくんやしおりさんのように親から厳しく育てられてきたような人は、ほぼ間違いなくこれにあたります。

「言い訳してはいけない」と強く思っていると、それを相手にも強要してしまいます。「たまに言い訳しちゃうときがあってもいいよね」。そんなふうに思えるようになれば、部下の言い訳にもそこまでイライラしなくなるはずです。**「言い訳なんかしている弱いヤツはダメだ！」と部下に伝えれば伝えるほど、それは自分自身にそう伝えているのと同じで、実は自分自身の自己肯定感を下げていってしまいます。**

「他人に言いたいことは自分に言いたいこと」。この言葉を知っておくと、自己肯定感を高めるのにとても役に立ちますよ。

Column

覚えておきたいコトバ⑦
「いけない」「べきねば」

「どっちでもいい人」になって人生の舵を取る

意識していても無意識でも、「○○してはいけない」「○○すべきだ」など、ありのままの自分に禁止や制限をかけるような思い込みは、すべて自己否定です。

「言い訳をしてはいけない」と強く自分を縛っていると、「言い訳しちゃうときがあってもいい」という選択ができなくなってしまうので、あなたの人生の選択肢は2分の1に減ってしまいます。

そうやって「人に迷惑かけてはいけない」などの思い込みをどんどん採用していくたびに2分の1が掛け合わされていき、あなたの生きる世界はどんどん窮屈になっていきます。

どんな人でも、多かれ少なかれ30個ぐらいは「いけない」「べきねば」があるといいます。そうすると、あなたの人生は「1073741824分の1」になってしまいます。なんと10億分の1です！

だから**「言い訳しても、しなくてもどっちでもいい」「でも自分はできるだけ言い訳はしないでいこう」**という自分になる。これが自己否定せず、自分で人生の舵を取っている状態です。「どっちでもいい人」になれば世界は優しく、可能性にあふれていることがわかりますよ！

CASE 21

「デキない」部下につい手も口も出してしまいます

お世辞にも仕事がデキるとは言えない部下がいます。書類の作成を頼めばよくミスをするし、スケジュールも守れないしと、いつも心配のあまり手や口を出してしまいます。助け船を出してばかりでは部下が育たないだろうという思いと、そうはいっても部下に任せられないという葛藤の中で、どうしたらいいかわからず悩んでいます。このままだと日々、私の仕事が増えるばかりです。

心配より信頼。信じるのはいつも自分から

部下を持ったらまず陥る悩みがコレかも。部下のレベルにもよりますが、部下を信じられず手を出し口を出してしまうのは、上司としての「あるある」でしょう。

驚愕（きょうがく）の事実かもしれませんが、実は「困った部下」「デキないヤツ」だとコチラが思っていると、部下はその通りに育っていきます。

これは別に、「引き寄せ」とかそういう不思議な話でもなんでもなく、「私の態度や言動」が相手に伝わり、相手の自己肯定感の土台をどんどん崩していってしまうからです。あなたの態度が「ああ、上司にダメって思われている……」と部下を悲観させ、気付けば恐れから焦ってミスを連発してしまう人になっていくのです。

同時に、**自分の自己肯定感が下がっていると、「他人の面倒を見ること」で自分の自己肯定感を上げようとします。**人を助けられる自分、役に立つ自分という「条件」で、無条件の自分にＯＫを出せない自分を埋めようとするということです。

そうして自分の不安を埋めるために部下の仕事を取り上げると、部下の成長の機会を奪ってしまうのはお気付きの通り。「私の不安は私が扱うべき課題」として考えて（153ページ【コラム：課題の分離】を参照）、部下に押し付けないようにしたいものです。もちろん、あなたは部下思いの優しい上司でもあるのですが、この仕組みを知らないと、あなたが無意識に「デキない部下」を作り出してしまいます。

では、どうしたらいいか。**部下を「信頼」して見守り、できたら認める、できなかったら対策を一緒に考え、それでもまた「信頼」する。これしかありません。「私は仲間だよ」という態度で「あなたはそのままで大丈夫」「あなたならできるよ」と、信頼して成長するのを待つ。これが人を育てる態度です**（根気はいりますが）。

それ以前に、なぜ部下を「信頼」できないかというと、それはあなたの自己肯定感が下がっていて、自分が自分を「信頼」できていないからです。だから、まずは自己肯定ファースト。自分自身にＯＫを出すことから始めましょう。うまく部下が育たないけど「ここまでよくやっている」「ま、いっか」。そうやってコツコツと自分を許し、信じながら進みましょう。**自分を信頼できる人が、相手を信頼できる人**です。

Column

覚えておきたいコトバ⑧
「信用」と「信頼」

「信じる」には2つの種類がある

【信用】　条件付きで信じること

【信頼】　無条件で信じること

ひとくちに「信じる」といっても、そこには「信用」と「信頼」の2種類があります。

信用とは、「あれができるから信じる」「これを持っていないから信じられない」といった、つまりは**「取引」**です。これはこれでビジネスの世界などではとても重要なものですが、信用は条件がなくなったらすぐに失われるもの。一度失ったら、取り戻すのはとても大変です。

一方、信頼とは、たとえ何もなくても「信じているよ」と言えること。自己肯定感の図（26ページ参照）で言えば、**信頼は「無条件の肯定＝ココロの土台」**で、**信用は「条件での肯定」ということになります**。仕事がデキる・デキないなどに関係なく、その人自身の存在を信じることです。

部下の自己肯定感を育てるには、ココロの土台を作る「信頼」で見守ってあげながら、いいところを認めて条件を積み上げていってもらうことが大切です。そして、それはそのまま自分自身の自己肯定感を育てることにもつながってきます。

CASE

22

メールで執拗に攻撃してくる同僚がいます

意見がすれ違うと、すぐに「そちらが間違っている」といった感情的な長文メールを送りつけて攻撃してくる同僚がいます。しかも多数の上司や同僚をCCの送信先に入れて、自分の正当性を主張してくるからタチが悪い。仕事上、どうしても付き合わなければならないのですが、巻き込まれた周囲の人たちにも申し訳なく感じますし、このメンドクサイ人とどう付き合ったらいいのか、もうお手上げです。

メールという盾で、何を守っているのか？

いますねぇ、こういう人。さらに長文でウダウダ書いてくるから読むのもメンドクサイんですよねぇ。

ここで自分が「攻撃された！」ととらえてしまうと、自分自身も反抗的（もしくは悲観的）になり、自己肯定感を下げてしまいます。怒りにとらわれればメールで延々とバトルを繰り返してしまうことでしょう。

相手の顔が見えないと態度が大きくなったり攻撃的になる人って多いです。車に乗ると性格が変わる人や、匿名のＳＮＳで誹謗中傷するのも似たような状況です。つまりメールを介することで、「本来の彼」よりも攻撃的になっている、と考えましょう。だからその怒りも「話半分」くらいで受け取れば十分。「この人は何を恐れているのだろう？」「何を不安・危険と思っているんだろう？」と思いを巡らせてみましょう。**攻撃されているのではなくて、相手がメールを盾にして「過剰防衛」しているのです。**

たとえばこのケースで考えられるのは、単純に人と話すのが苦手で、直接対話だと言い負かされると思っているとか、メールで証拠を残さないと痛い目に遭うと思っているとか。それと、CCをいっぱい入れてくるのはきっと「仲間、味方」が欲しいから。そんなことをしていても、呆れられて人は離れていくばかりだと思いますが……。

とはいえ、本人はそんなことには気付いていないと思われます。「自分は被害者」「自分は正しい」にとらわれて反抗まっしぐらな状態です。顔が見えないだけに、妄想の中であなたをものすごい「悪」に仕立てあげてしまっているかもしれません。

なんにせよ、まずは深呼吸。それから「これは過剰防衛しているんだな」とその人を俯瞰して見てみる。少し冷静になってきたら、相手を「敵」にすることなく、戦いを避け、どう攻略していくのかを考えましょう。

ほとんどの場合、こういう人は直接リアルで話しに行けば解決します。メールで返さずに、盾を奪ってしまうのです。実際に顔を合わせてみれば、相手もそんな強くは出られないものです。

その上で「私は敵じゃないですよ」という態度で、「どういう点を不安と思っているのか」を聞き出して、一緒に解決していく流れになります。そうやって相手の挑発に乗ることなく、不安に共感しながら丁寧に接していくことを心がけていると、気付いたときには、その人もあなたの「仲間で味方」になっているものですよ。

一度、会社でうまくやっている人を観察してみることをオススメします。そうすると、必ず「敵（らしき人）を味方にしていく」ことがとても上手な人だと気が付くはずです。それを見習ってマネしてみましょう。

【悲観タイプ】のあなたへ

自分が相手を恐れると、直接会いに行くことを避けて、無意識にメールで戦う道を選んでしまいます。怖いときは「怖いんだな」としばらく自分と一緒にいてあげて。

【反抗タイプ】のあなたへ

ものすごく腹が立つようなら、まずその怒りを発散しましょう。「ムカつくわー」と大きな声を出してみたり、トイレでトイレットペーパーをちぎってみるのもいいかも。

自分を肯定すると部下も肯定できる

3人とも、会社では部下がいるんだよね。どう感じたかな？

身につまされるところもたくさんあったけど、すごく興味深かったわ。みんな「まもり」に入って悲観し、反抗していたのね。もちろん自分も。

最初に自分が「まもっている」と言われたときはピンとこないところもあったけど、こうやって実際のケースとしてとらえてみると、よくわかるね。たしかに部下たちは、オレにワーワー言われることを恐れて「まもり」に入っていたんだと思う。残念なことだけど。

自分が上司の立場だと、役職の上下があるから、どうしても「上」に立った態度や発言になりがちだよね。だからよくよく気を付けないと、部下の自己肯定感をくじいてしまう可能性があるんだね。

そうだね。やっぱり立場や力で言うことを聞かせようとしちゃうところはあるよね。
でも、自分が悲観・反抗してしまうと、部下も悲観・反抗しちゃうんだ。**人間関係は必ずお互いで作り上げているから、自分が自己肯定感を育てて悲観・反抗から抜け出すという意識を持っていないと、改善していかないんだよ。**

自分はどうあれ、部下の自己肯定感を育てるにはどうしたらいいんだっけ？

ケーススタディの中でも触れてきたけど、まとめるとこんなふうに接することだよ。

「今のままのあなたで大丈夫（肯定・理解・共感）**」＝無条件の肯定**
「あなたならできるよ（信頼・感謝・仲間）**」＝条件による肯定**

結局、これって自分への接し方と同じなのよね。今の自分にOKを出してあげて、自分を信じてあげる。自分と仲間になって、応援してあげるのね。

ここまで聞いてくると、こういう接し方についても当たり前のことのように思えてき

たよ。できるかどうかはまったく別だけど（笑）。

そうだね。ボクもまだまだだけど、いつも気付いては戻れるようになってきたよ。日々練習だね。

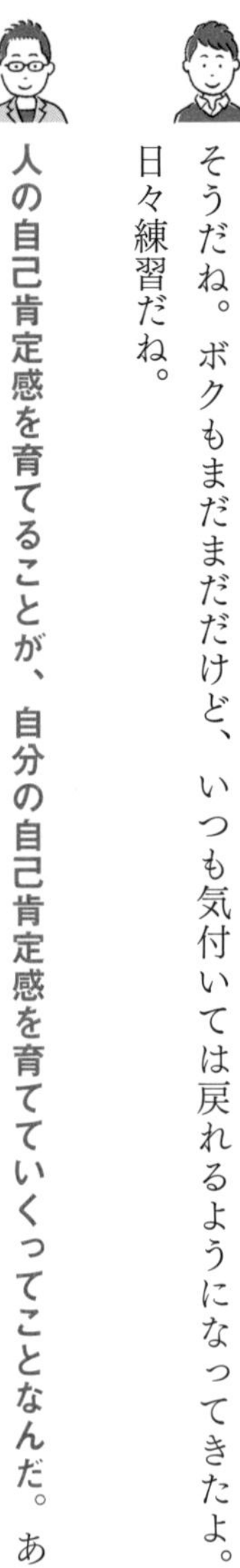

人の自己肯定感を育てることが、自分の自己肯定感を育てていくってことなんだ。あらゆる人との接し方は全部コレだと思ってもらえればいい。次の章では、さらに厄介な「上司との人間関係」についてだけど、このことは忘れないでほしいな。

「人のためが自分のため」か。それなら、やるっきゃないな！　がんばろう！

仲間で一緒にね！

第4章

「上司・顧客」がメンドクサイ！

ケーススタディ23〜32

CASE

23

常に不機嫌で威圧的な上司
これってパワハラでは⁉

かねてから希望していた新規事業開発の部署に異動してきたのですが、新しい課長はよく怒る人で、なんだかいつもピリピリしています。機嫌が悪いときは「オレの意見を黙って聞け！」と突然キレて怒鳴ってきたり、普段も威圧的でネチネチネチネチと嫌味を言ってきます。せっかく新しい仕事を楽しみにしていたのに、毎日怖くて萎縮してしまい、会社に行くのがイヤになってしまいます。

相手の怒りは相手の都合。勝手に背負わないで！

周囲に怒りをまき散らす人、ホントに困っちゃいますよね。この場合、どうしても相手を「敵認定」してしまうと思います。でも「敵」だと思うと戦いや防御が始まってしまい、自分自身を悲観や反抗におとしめてしまいます。

だからまずは「戦わない」と決めてみましょう。

自分に伝えてあげてほしいことは**「相手の怒りは相手の都合」**ということ。では相手の都合って何でしょう？　仕事のプレッシャーがキツいのかもしれないし、家庭がうまくいっていないのかもしれないし、それは正直わかりません。たとえば以前ボクがいた会社の部長は、名家の優秀な親族たちに強い劣等感を持っていて、そのやるせなさから部下にマウント行為（パワハラ）をしていたというケースがありました。

あなたが悲観してビクビクしていたり、変に顔色をうかがったりしすぎると、相手は「オレが何か悪いことでもしたのか！」と罪悪感を刺激され、余計にイライラしてきます。あなた自身も悲観からミスや失敗が増え、関係はより悪くなるでしょう。

まずは、**「私は関係ない」**と唱えてみましょう。

「課長の怒りは課長のもの」「あの人にはあの人なりの事情がある」「私がなんとかしなくていい」「私がなんとかできるものでもない」

そう思うことで、相手と自分の間に**ココロの境界線**を引きます。それを感じられるようになってくれば、徐々に相手の怒りにも振り回されなくなっていきます。

その上で、もし余裕が出てきたら、相手の都合に対して理解と共感をしてみましょう。家庭のことなら少し気遣いをしてみる。仕事のプレッシャーであればサポートの仕方を工夫する。相手の「恐れ」をカバーするには何ができるかを考えていきます。

その間にも攻撃は飛んできますから、「自分を守る」という意識も忘れずに。接触を必要最低限にする、パワハラ相談室に行く、部署異動を希望する、休職するなど、なんとか自分を守ってやり過ごすしかありません。同僚たちともぜひ仲間となってつながって、安心・安全を確保です。

最後は逃げたっていい！　転職でもなんでも、やられる前に逃げましょう。

Column

覚えておきたいコトバ⑨

課題の分離

その責任を取るのは誰なのか？

アドラー心理学などで使われるパワフルな概念に、**「課題の分離」**というものがあります。

相手の課題は相手のもの、私の課題は私のものと、はっきり分けて考えていくことで、人間関係をシンプルにとらえられるようになります。

課題は、**「最終的に誰がその責任を取ることになるか」**という視点で分けることができます。

たとえば、「勉強しない子どもを見て心配な母親」がいたとします。「勉強しないで先生に怒られる」「将来困る（かも）」といった責任を負うのは子どもの方、そして「勉強しない子どもへの心配」は母親の課題で、この場合は「心配」という感情をなんとかできるのは母親だけです。

これを混同してしまうと、母親が「あなたのために」という言葉を使って、自分の不安をなくすために子どもを操作する、ということが起こりえます。しかし、子どもは「それってお母さんの都合じゃん！」というのをすぐに見抜くものです。

これを前述のケースに当てはめてみれば、**「上司の怒りは上司の課題」**です。決してあなたが背負わないように！

CASE
24

上司がクライアントの言いなりで困っています

私が担当するクライアントは古くからの大口顧客。そのため何かにつけて「前例に従う」という考え方が横行し、いつも上司からは「お客様に従っていればいい」「余計なことはしなくていい」と言われます。上司は、理不尽なクレームや無茶な納期を要求されても首を縦に振るばかりで、そのしわ寄せがすべて私たちにきてしまいます。このクライアントの言いなり上司をなんとかしてほしい！

一時的に現状を肯定。〝犠牲者〟にならず自分で決める

顧客の言いなりで、現場の自分たちをまったく守ってくれない上司。まあ、きっと上司も自分を「まもる」ことで必死なのだと思います。大口顧客で前例主義があるのであれば、その状況を変えるのはなかなか難しいことでしょう。

このケースは答えがなかなか難しいのですが、上司が守ってくれないのであれば、反抗するよりも自分で自分を守る方法を考えましょう。大枠の考え方は2つです。

ひとつめは、**自分も上司と一緒に言いなりになると「一時的に決めてみる」。一旦、現状に抗う（あらが）のをやめて肯定してみるということです。**

これはこれで、上司やクライアントに怒ったり、自分の不幸を悲観したりといったムダなエネルギーを消費せずに自分を守る大切な考え方です。お客さんや上司の〝犠牲者〟として反抗・悲観的行動を取るのではなく**「自分の意思で一時的に」**行動しているのであれば、それは自己肯定感を下げるものではありません。

また上司の言うことを聞いてあげていれば、上司は自分を「仲間」だと認識してくれます。その上で、上司の不安点をサポートしながら、お客さんに勇気を持って進言できるよう上司の自己肯定感を育てていく。上司と同じ目線で、どうやったらクライアントに現状を変えていってもらえるか、理不尽な要求を断れるかを考えていく。**「仲間になって一緒に」**という点がポイントです。

上司の目線に立ってみると、現状が本当に大変だなあ、ということもよく見えてくるはずです。そして上司は上司なりのものの見方をしていることもわかってきます。

もしかすると、あなたの昇進を考えたらこのまま事なかれ主義に徹しておくのがあなたのため、と思っていることもありえます。それを上司は「ただ従っていればいい」と言っているのかもしれません。

仲間になれたのなら、上司を批判するでもなく、一度腹を割ってお互いの思いを話してみるといいですよ。

そして、もうひとつの考え方についてです。上司がマジでやる気のない人だった場合はどうしましょう。残念ながら使えない「保身だけの上司」だったのならば、それに腹を立てるだけ時間と労力のムダです。

そのときは、**あなたが直接クライアントと話をしてしまったらいいと思います**。前述したようなことを自らに実践し、自己肯定感を育てながら、顧客の担当者と向き合っていきます。できるなら上司のメンツを潰さないように、上司にも華を持たせてあげる工夫ができるとなおいいですね。

とはいえ「ガマンして顧客の言いなりになること」はいつまでも続けられるものではありません。その裏では、自分の素晴らしい資質を生かせる別の部署への異動や転職も視野に入れて考えてみてください。必ずチャンスはやってきます。

【悲観タイプ】【反抗タイプ】のあなたへ

困難な状況を攻略する際のポイントは、**「自分から犠牲者にならない」**こと、そして**「自分の意思で決めて動く」**ことです。上司は関係ありません。そのためにも「自分はよくやってるな」と自己肯定感をコツコツ育てていってください。

CASE
25

重箱の隅をつついてくるネチネチ上司がキライです

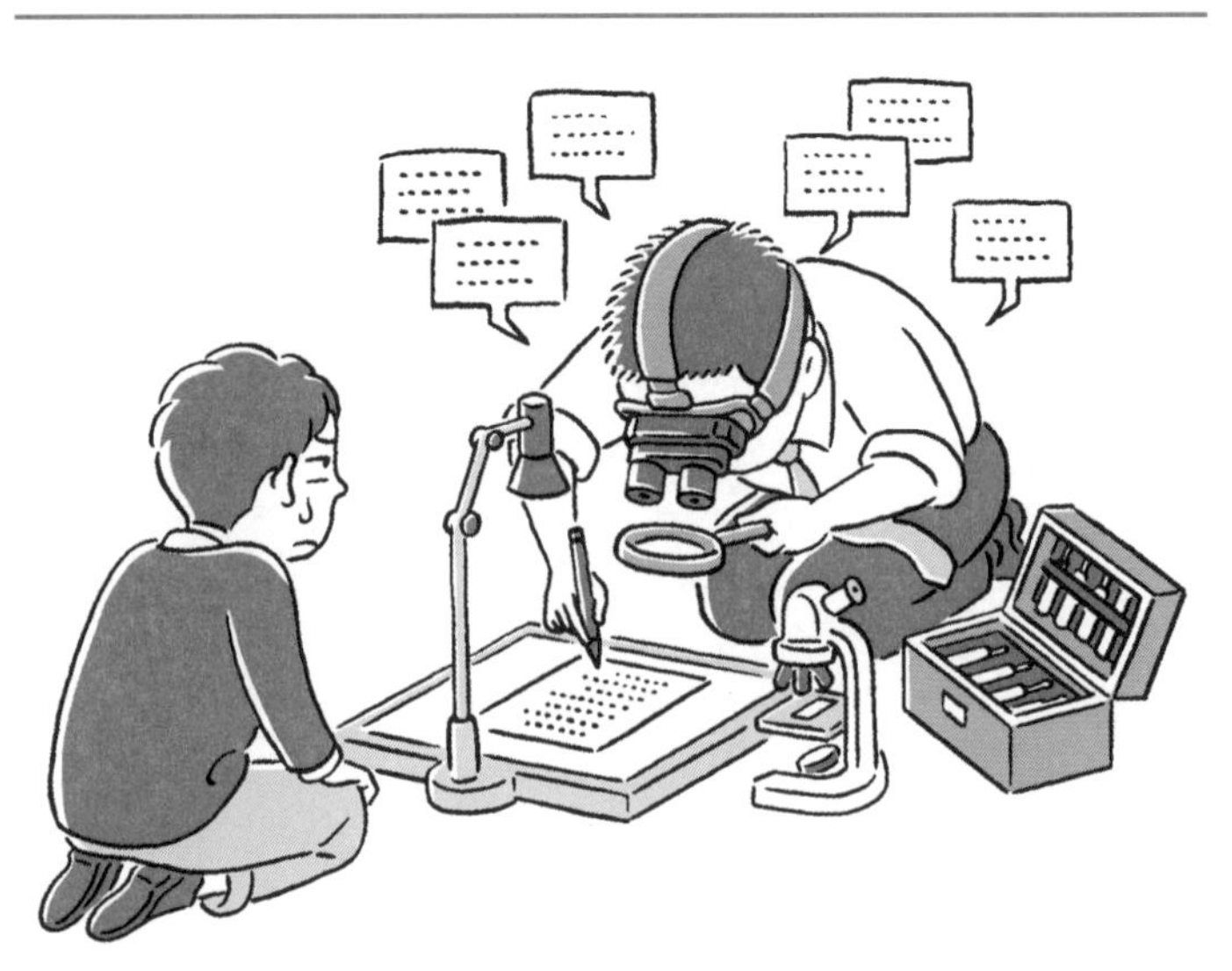

新しくやってきた上司の性格がとても細かく、重箱の隅ばかりつついてきてとてもイヤです。メールの挨拶文の書き方から、書類のちょっとしたミスやフォントの大きさについてまで、「そんなのどうでもいいじゃん」と思うようなことをネチネチと指導や注意をしてきます。会議でも本題以外の些末なところばかりを指摘されるし、すっかり参ってしまいました。日々、仕事へのモチベーションが下がっていく一方です。

「感謝」で上司の自己肯定感を育ててみよう

これは大変メンドクサイ上司に当たってしまいましたね……。こういう人は言っていることが正論なだけに、なかなか対処がしづらいんです。しかし、なんでもかんでも細かく指摘されてしまっては、部下のやる気はどんどん削がれていきます。

この上司、もともとの細かい気質もあるのでしょうが、そこまで完璧主義っぽいのは、自己肯定感が低く「何かを恐れている人」だからかもしれません。

過干渉してくるというのは、「他人を信じられない不安な人」ということです。失敗を恐れているから手も口も出してしまうのでしょう。ただ、相手は「正しいことを言っている」「部下を教育している」と思っているから、そういう人に反抗しても、必ずバトルになってしまいます。

であれば、一度「**ご指導ありがとうございます**」と感謝の言葉を伝えてみましょう。

「感謝」は相手の自己肯定感を上げる最強ワードです。

そうやって、**まずはこちらを「信じられないヤツ」から「仲間」に格上げしてもらうことから始めます。**そのために、しばらくは指示に従うことも大切です。実際、中には「その指摘はごもっとも」というものもあると思うので、そんな部分〝だけ〟で結構ですから、「勉強になります！」と伝えてみてください。

みんな、「相手を認めてしまったら、調子に乗って余計に指示が多くなる」と考えがちですが、その考え方が「防御」であって、自己肯定感が低い人の考え方です。だから、やることは逆なんです。**相手は「わかって（不安を肯定し共感して）ほしい」だけなので、「わかって」あげたら満足して、その行動は減っていきます。**

あとは上司が何にこだわっているのか、何が不安なのかをコツコツと汲み取って、そこをキチンと守ってあげると、あまり細かいことは言われなくなっていくはずです。信頼を得られてきたら、やがてこちらの意見も聞いてもらえるようになり、あなたの自由度も増えていくはずですよ。

Column

覚えておきたいコトバ⑩
リフレーミング

「不安」や「安心」で性格は変わる

人には「良い性格」と「悪い性格」がある、そう考えている人が多いのではないでしょうか？

しかし、**性格（気質）には良いも悪いもなく、その人が「不安・恐れ」の心理状態にいるか、「安心」の心理状態にいるかによって、表への出方が違って見えているだけなのです。**

上司、部下、そして自分の性格が「マイナスに働いているな」と思うときは、ぜひ「安心・安全」の環境に身を置き、自己否定を手放す行動や考え方を取り入れていきましょう。

ちなみに以下は、ボク自身が会社員だったとき（左）と、カウンセラーをしている現在（右）の性格リフレーミングの様子です。ぜひ参考にしてみてください。

【不安・危険】		【安心・安全】
物事にいちいち細かい	→	繊細で細かいことに気が付く
決められない、優柔不断	→	熟考して納得のいく答えを出す
人にすぐ口出しする	→	人の改善点によく気が付く
意固地でガンコ	→	強い意志やメッセージを持っている
理屈っぽい、アタマでっかち	→	理論的でよく考える
人の目を気にしすぎる	→	共感性が高い、空気が読める
受け身、無口	→	人の話をじっくり聴ける

CASE
26

振られる仕事量が不公平 これってひいきですか？

上司が私にばかり仕事を振ってきます。私はすでにたくさんの仕事を抱えていて大変なのに、同僚たちは定時で上がることも多く、他の人たちが帰っていく姿をデスクから見ていると腹が立って、悲しくなってきます。みんなはひいきされ、なぜ自分だけがこんな仕打ちを受けるのか？　毎日ひとりで残業しながら、大量の書類を前にガックリと肩を落としています。こんなの不公平です！

仕事は「デキる」人に振られるもの

あなたは責任感が強い人なんですね。言われた仕事はしっかりこなさねばならない。その心がけは立派だと思います。しかし、自己犠牲をしていると自己肯定感が下がっていくことは、これまでにお話ししてきた通りです。

前職でマネジャー職だったボクが推測するに、**上司が仕事を振るのはあなたが「信頼されているから」**です。信じられないかもしれないけど、そうなんです。

上司は成果を上げるため、部下に効率よく働いてもらうことが仕事です。誰にでもできるような仕事でなければ、上司はできるだけ「デキる人」に仕事を回します。「デキない人」に回すと、進捗確認も手戻りもあって大変だからです。

もちろん、部下の仕事量に気を配るのも上司の仕事なのですが、**部下は部下で「もう無理」「できません」と、その判断材料を提示する必要があります。人は言わなきゃわからない。伝えなければ自分のことは理解してもらえないのです。**

なので、まずは「**あ、自分ってデキる人なんだ**」「**信頼されているんだ**」と口に出して3回言ってみてください。自分が思っていたのと真反対の世界を、ちょっとだけ感じられるかもしれません。

そこからは反抗せず悲観せず、明日の朝一番で上司をつかまえて仕事量の相談をしてみましょう。さらにその日から、勇気を持って他の同僚たちのように、とっとと定時で帰りましょう。自分や時間を犠牲にした分、あなたは人生で大切なものを確実に失っていますよ。それを会社が補填してくれることは〝絶対に〟ありません。

もちろん、実際にひいきや差別が職場にある、というパターンもあるかもしれません。それならそれで、仕事なんぞ放っておいてさっさと帰りましょう。**仕事を引き受けすぎないよう自分を「まもる」ことも、自分を大切にして自己肯定感を育てることです**。書類を前に悲観している状態も反抗している状態も、ひいき上司にただ支配されているだけ。支配から抜け出せるのはあなただけです。

悲観と反抗は、いつでもハイブリッドです。仕事を引き受けすぎて「なんで自分ばっかり！」と反抗して怒り出す今回のケースの「私」は、【ケース01：どうしても仕事を断れずドツボにハマってしまいます】（54ページ）で仕事を引き受けすぎてしまう悲観タイプの「私」とセットで成り立っています。

他人軸で「人がどう思うか」ばかりを気にして、自分の「しんどい」「イヤだ」という感情や気持ちを肯定できないと、適度なところで人からの依頼を断る、ということができなくなり、自分で自分の首を絞めてしまいます。

たとえそれが「よかれ」と思って始めたものでも、結果として人と争ったり、自分が潰れてしまったりということが起こってきます。**自己肯定感を下げず、上司や同僚ともうまく付き合う最大のポイントは「自己犠牲しない」と決めて働くこと。他人は関係ありません。**

【悲観タイプ】【反抗タイプ】のあなたへ

自分を肯定するとは、「小さな本音を大切にし、それに従う」ということです。いつも「本当は私はどうしたい？」と自分に聞いてみて、それを自己犠牲する前に周りに伝えて環境を整えていく、ということをコツコツやってみてください。

CASE
27

「デキる」上司と一緒に仕事をするのがつらいです

何事も完璧で、社内で「エース」と言われている上司の下についているのですが、一緒に仕事をするのがつらくてたまりません。発言もポジティブで前向き、非の打ち所がない「デキる」上司は、仕事で迷惑をかけてばかりにもかかわらず、私を責めるようなことは一切ありません。しかし、なんでもできる彼からは「デキない、使えないヤツ」と思われているのではないかと、引け目を感じて心苦しい気持ちを抱きながら働いています。

自分は自分。ひとつの得意分野に絞ってコツコツと

実はボクも東大出身のめっちゃデキる上司の下にいたことがあります。だからその気持ち、とてもわかります！　なんだか「萎縮」しちゃうんですよね。

「萎縮」とは相手を「怖い」と思っているということです。恐れると「安心・安全」から離れ、意識が「まもり」に入ってしまいます。相手への引け目や劣等感（自己否定）もあいまって、さらに自己肯定感は下がっていきますよね。

「デキない、使えないヤツ」という思いは、自分の「恐れ」が作り出した「妄想」です。自分が自分のことをそういうヤツだと思っているから、上司の視線もそうなのではないか、と感じてしまうのです。

まあ実際、上司が多少そう思っている可能性があったとしても、その真意はわかりませんし、あなたが自分をそういう人間だと自己否定することで、悲観し反抗するほど仕事はうまくいかず、上司との関係も自ら悪くしていくばかりです。

だからその「恐れ」を緩めるために、一度「デキなくてもしょうがない！」「あの

人すごいし！」「あんなの無理無理〜」と声に出して言ってみてください。

さて、そうしてちょっと自分を取り戻せたら、少し視点を変えてみましょう。

あなたが無力感や劣等感を覚えるのは、比較対象とするものが大きすぎるからです。自己肯定感が低くなっている人は、完璧主義が発動し「高いハードル」を自分に課しがちです。でも別に、あなたがそのデキる上司になる必要はありませんし、そもそも経験値も大きく違うのでしょう。そんな人と比較して無意識にも「負けてはいけない」「ああならねば」と思っていたら、圧倒されるに決まっています。

であれば、**全部じゃなくて何かひとつだけ、上司より「デキるヤツ」になってみたらどうでしょうか。**資料作成、特定の知識など、しっかり自分の得意分野に絞れば、どこか1点で上司より秀でることはそう難しくないはずです。

自分自身になかなか無条件の肯定が出せないときは、こうやって「条件」で自分を肯定することも、自分を受け入れるためにとても大切です。その上司から「資料作成の専門家」みたいに言われるようになれたら、きっとあなたの自己肯定感も上がり、上司との関係もよくなっていくことでしょう。

デキる上司がいるって、超ラッキーなことですよ！　仕事へのアドバイスも的確で、話もよく聴いてくれる。上役への働きかけも上手なので昇進もしやすいでしょう。もしデキない悲観上司やパワハラ反抗上司の下にいたとしたら、仕事も上司との関係も、もっと大変なことになっているはず。

だからデキる上司ってすごくありがたい存在なんです。その人を信じて、**胸を借りるつもりでドーンと頼ってみましょう。あなたはすでに「安心・安全」の環境にいます。「恐れ」を作り出しているのは、自分自身かもしれませんよ。**

【悲観タイプ】のあなたへ

上司にジャッジされそう、と感じるのは、ほぼ過去の経験によるものだと思います。正直に上司に「怖い」と話してみては？　伝えてみるだけでもラクになります。

【反抗タイプ】のあなたへ

自分より「上」と感じる人に脅威を感じ、無用な反抗心を抱きがち。デキる上司を味方に付けるのは、その「戦い」から降りるところから！

CASE

28

「化石」上司のやりがい搾取 世代間ギャップにうんざり！

古い体質の上司が多く、いわゆる「やりがい搾取」がいまだに横行している職場にいます。「仕事は給料以上にやりがいを持て！」「身を粉にして働くのが当たり前」「プライベートでも常に仕事のことを考えて過ごすべき」などといった価値観をゴリゴリと押しつけてくる年配の社員たちと、どう向き合って働いていけばいいのかわからず、毎日ストレスを感じています。

人生の先輩の「武勇伝」をねぎらってあげよう

いわゆる「昭和の人たち」の価値観は、そういうのが多いですよね。それはそれ、時代もあるので一概に否定はできないのですが、特に今の40代あたりまでの世代は、実際に職場でも家庭でもその人たちに育てられてきているので、自分たちも同じような価値観をコピーしてしまっていることも多いです。ボクも若者に強要せぬよう、気を付けねば……。

さて、「プライベートでも仕事」とか言っている時点で、時代からは完全にズレていますし、社則や労働基準法からも外れていると思います。だから言っている年配社員本人も、それを下の世代に強要できないなんてことは（それなりに）わかっていると思うんですよね。

メンドクサイ上司ですが、**あなたがそれに従う義務はありません。まずは「そんな義務ないもんね～」と声に出して言ってみましょう**（本人の前じゃダメですよ！）。

自ら犠牲者になって悲観的にならなくとも大丈夫。反抗して戦ってもいいことはありません。

ところで、**そういう発言ってある意味、その上司たちの「武勇伝」なのだと思うんです。**そのじいさん（失礼！）は、きっと昔からそうやって、同僚たちと切磋琢磨してこられたのだと思います。「オレたちは仕事ひと筋でがんばってきた」「家庭も顧みず、会社に心血を注いできた」。そんな気持ちを「わかってほしい」のだと思うのです。

だから「昔は本当に大変だったんですね」「〇〇さんが身を粉にして働いてくださったおかげで、今のボクらの安定した暮らしや、土日休みがあります」と彼ら自身を肯定し共感し、ねぎらってあげましょう。さらに**「これまでがんばってきた〇〇さんも、無理せずにぜひゆっくり休んでくださいね」**と伝えてあげてくださいな。

相手の気持ちを拾って共感してあげたら、「自分は大切にされている」と感じて、上司の自己肯定感も育まれていきます。実際、昭和の人たちのがんばりがボクらの日常を支えているのも事実ですからね。

もちろん会社ぐるみでこういう体質であれば、それを「ブラック企業」というのかもしれません。いろいろなしがらみや、お金の心配はあるかもしれませんが、そのときは、自己肯定感が低い反抗経営者たちの支配から離れることが、あなたの自己肯定感を育みます。

【悲観タイプ】のあなたへ

断ることが苦手な性格だと思いますので、場合により「家族が」とか「病気で」とか言ってしまってもいいと思います。ウソも方便。多少は自分を守るのに使ってもOK。そこに罪悪感は必要ありません。

【反抗タイプ】のあなたへ

上司は「悪気」があるわけではありません。あなたの成長を思ってのこと（カンチガイだけど）。「ボクのことを思って言ってくださって、ありがとうございます！」と一度、好意を受け取ってから「でも、私生活も大切にしたいので帰ります！」と伝えましょう。これが戦わない方法です。

CASE
29

上司の言うことがコロコロ変わって振り回されています

うちの上司はなんだか一貫性のない人で、一度指示したことをすぐに覆します。朝に言ったことを午後にはひっくり返すなんて日常茶飯事。ある程度仕事が進んだ段階で方針を180度変えてくることもあり、部下の我々はいつも振り回されてばかりです。仕事も手戻りばかりで、かなり困っています。部下のことや仕事の効率を考えるなら、もっと熟考してから指示を出すべきだと思います。

「上司を育ててパートナーになる」という発想

これ、部下はホントに困りますよね〜。ただ、上司も部下を困らせたくて指示を変えているわけではないのでしょう。悪気がなければ何をやってもいいということはありませんが、そんな上司に感情をぶつけ続けていても、（自分自身も含めた）人間関係を悪化させるだけ。残念ながらあなたにはデメリットしかありません。

怒りや悲しみなどは、「ムカつくわ〜」と声に出して発散したり、「せっかくがんばったのに残念だね」と自分に寄り添ったりして、まずは自分が自分の気持ちを肯定してあげた上で、上司の攻略法を考えていきましょう。

こういう上司の下で働くときは、**「指示をキッチリこなすこと」を目標にしていると確実に振り回されます。**この本を手に取られたようなマジメな人は、もれなくここにハマりがちです。じゃあテキトーにやればいいのか、というとそういうわけではなく、**「言われ仕事」から脱して、もっと高い視点から仕事に取り組み、「上司を自分の**

パートナーとして育ててやろう」という意識が必要になってきます。

意見をコロコロ変える人は、周囲の目を気にしたり、心配性であることが多いです。人に何か言われると不安になり、一度決めたことに自信が持てず、指示を変えてしまう。つまり、ここまで何度も触れてきた「恐れ」です。であれば結局、上司に必要なものは「安心」や「仲間」です。

上司にもなんらかの「その方がいい（のでは……）」という意図があるはずなので、まずはその思い（だけ）は認めて、「わかりました」と肯定してみましょう。それだけで上司は安心しますし、メンツも保てます。

そうして敵対しない立ち位置をとった上で、必ず「内容の反復」を行いましょう。「わかりました。こういう理由でこういう作業を明後日の○時までに、ですね？」と、明確にスケジュールも含めた確認を行います。お互いに〝合意〟したものならば、上司もそうそう変更はできないものだと思います。

あとは、こまめに中間報告や「報連相」を入れながら、「課長の方針でうまくまとまりそうです！」「おかげさまで、ここまで順調に進んでいます」と、**あなたの方針**

で間違っていませんよ、あなたはデキる人なんだよ、という意識を育んでいきます。

もし、上司の方針が間違っていると思ったら、ただ反抗するのではなく、「ちょっと進めてみたところ、新しい考え方もよさそうな気がしたので、検討資料を作ってみました。この方が課長も無理のない進め方ができると思います。ご意見いただけますか？」と、上司にとっても役に立つ、という伝え方ができればうまくいくはずです。

こうやって、勇気を失い守りに入っている上司の自己肯定感を育てながら、自分自身の自己肯定感も育てていきます。「上司なんだからちゃんとしてよ！」と言いたくなる気持ちも痛いほどよくわかりますが、もうひとつ上の視点から仕事に取り組んでみることで得をするのは、結局は自分です。

【悲観タイプ】【反抗タイプ】のあなたへ

「一度言ったことは必ず守るべき」といった思い込み（自己否定）があると、自分が上司になったときに苦しみます。「途中で変えてもいい」とルールを緩めると、こんな上司も許せるようになりますよ。

CASE
30

やたらと忙しい上司に話しかけられません

私の上司はやたらと忙しい人で、外部団体や他部署の役職も兼務しているため、いつも社内外をあっちこっち飛び回っています。仕事の承認を取ろうにもなかなか会えず、仕事で困ったことがあっても相談すらできない状況です。たまに見つけて「今だ！」とばかりに話しかけても「ゴメン、急ぎじゃないならメールしておいて」とけんもほろろ。すごすごと席に戻ってきては、「どうしたものか」と途方に暮れています。

時間がない上司にどう「協力」できるか

ボクが若かりし頃の上司も、さまざまな業界と人脈を築くのが仕事みたいな人で、ほとんど席にはいませんでした。たまに出社していると「あれ？　今日はゴルフじゃないんですか？」とよく皮肉を言ったものです（笑）。

この状況を上司に「放っておかれている」ととらえると、悲観や反抗に陥ってしまいます。そう感じやすい人は**「私は重要じゃない人、大切にされない人」という自己否定の思い込みがある**ケースが目立ちます。もしかしたら両親がいつも家におらず、ひとりぼっちだった、なんていう幼少の記憶もあるかもしれません。

この状況、人によっては、「監視の目がなくて自由〜♪」ぐらいに感じる人もいるのではないでしょうか。なので、少し気楽に構えて考えてみましょう。

たしかに仕事が進まないのは困りものですが、仕事を遂行することの責任自体は上司にあるわけですから、部下であるあなたが必要以上に気を揉む必要はありません。それ以前に、**実は上司からは「あなたに任せておけば大丈夫」ぐらいに「信頼」されている可能性もあります。**

とはいえ、こういう上司ほど本当は、「部下とコミュニケーションしたい、せねば」と思っているものです。もしかすると、上手にマネジメントできていないことに罪悪感（自己否定）すら覚えているかもしれません。

まず「上司の時間がない」ことは揺るがないでしょうから、**時間がない中で、どうしたらこの上司に「協力」できるかな、と考えてみましょう。**

コチラができることは「今、5分だけよろしいですか？」と必ず相手に必要時間を告げること。**予測できることが、相手の安心を生みます。**

また質問の前に「何を相談したいのか」という概要をシンプルに伝えることや、上司がイエス・ノーで答えられるようにして提示するなど、上司の時間を奪わない工夫の仕方はいろいろあると思います。

会社では偉くなればなるほど、端的に要点を伝えるスキルが求められます。そのトレーニングは、必ずこれからのあなたの役に立ちます。

さらに1週間に1回程度、必ず定例グループ会議の時間を確保してもらえるよう提案してみるのもいいでしょう。仕事の相談はもちろんですが、**ここでは私生活の話も存分にして交流し、「きずなを作ること」を目的とします。これが、お互いに「信頼」や「配慮」「思いやり」ができる【心理的安全性】**（52ページ参照）**を作ります。**上司に部下の「不安」を払拭してもらう場の必要性を理解してもらうことが大切です。

【悲観タイプ】のあなたへ

悲観して黙りこくっていると、状況はまったく変わりません。「あなたが嫌われている」わけではなく、「上司が忙しい」だけです。そこは混同しないように！

【反抗タイプ】のあなたへ

上司も罪悪感（自己否定）を覚えているなら、こちらが反抗すると、上司からも「しょうがないだろ！」と反抗的に出られてしまうかも。「しょーがねーなー、オレがなんとかしてやるか」と声に出してみると、気持ちが切り替えられるかも。

CASE
31

いつも部下の手柄を横取りズルい上司に耐えられません

私がいる部署の課長は、部下の手柄を横取りするズルい人です。メンドクサイ仕事は全部、部下に丸投げ。うまくいった仕事だけ、あたかも「自分の成果です」「私のアイデアです」などとことさらに部長にアピールします。いくら仕事をがんばってみても自分が報われることはなく、姑息(こそく)な上司ばかりが評価される現状で、なぜこんな人の下で働かなくてはならないのかと腹が立つやら悲しいやら。やるせない気持ちでいっぱいです。

嫌ってもいいけど、まずは「褒め方」を教える

イヤなやつですね～。苦労して取り組んできた仕事の手柄を奪われたら、そりゃあ誰だって怒り心頭に発すると思います。

これは自己肯定感の観点から見ると非常にわかりやすい事例で、**自分で自分を認められない人がよくする、我欲の高い「自己保身」の行為です。**他人の成果を奪ってまで自分を高く評価してもらおうとすることで、自分を「まもっている」わけです。

まあ、ここまで悪質ではないにしても、小さい子が親や学校の先生に褒めてもらうためにやってしまうこともありますよね。上司はきっと、幼い頃から「認めてもらう」ということをあまりしてもらえなかった人なのだと推測できます。つまり、**「認めてちゃん」**のスネたガキんちょのままなのかもしれません。

こういう人たちは自分のことで精一杯なので、部下のことが全然見えていません。悪気も何もなくやっている可能性もあります。そんな課長に対してあなたが「ズル

い！」と思っているのであれば、ぜひ課長に対して**「私たちのことも褒めてくださいよ〜」と言ってみて**ください。

課長が、褒められたことがなくて自己肯定感が低く育ってきたのだとすると、部下の褒め方や自己肯定感を育てる方法を知りません。我欲にまみれて自分を守っている人に、**人を褒めて認める機会を与えてあげることが、課長の自己肯定感を育みます。**

そして、怒らずに読んでもらいたいのですが、**もし「褒めて」と言えないようなら、そこがあなたの反抗しているポイントかもしれません。**「お母さん、私のことも褒めてよ！　ズルい！」みたいな経験がありませんか？　もしかしたら、あなたも「認めてちゃん」で、同じものを上司に見ているのかもしれませんよ。

とまあ、ここまでは上司を擁護的に書いてきましたが、実際にその人が「姑息な人」なのであれば、それは部長や周囲にも間違いなく伝わっています。多くの被害者がいるのなら、その報いはそのうち彼自身が受けることになりますので、あなたが反抗し手を汚す（自己肯定感を下げる）必要はありません。

ハズレな上司を引いたなぁと自分の不運を嘆いてください（笑）。というのは冗談ですが、あなたがしっかり働いている姿は、見ている人はちゃんと見ていますよ。もちろんそれ以上に、**まずは「自分が自分を」認めてあげてください。**

こんな姑息な人のことは、もちろん嫌っても構いません。ただ、自己肯定感の低い人は「人を嫌う」ことがすごく不得意なケースが多いんです。

悲観タイプの人は「人を嫌ってはいけない（禁止）」「誰とでも仲良くすべき」と思い込んでいます。反抗タイプの人は、人を「嫌う」ことを「戦う」ことだとカンチガイしています。

嫌いな人は「ただ嫌い」でいい。あなたが自分の自己肯定感を育てることができれば、「被害者」という立場から抜け出すことができます。

【悲観タイプ】【反抗タイプ】のあなたへ

「嫌う」って実は、ただ「嫌いだなー」「苦手だなー」と思うだけのことで、「礼儀として挨拶くらいは普通にするけど、自分から積極的に話しかけはしない」といった距離感でいることです。

CASE 32

下請けを見下すクライアント もうガマンできません！

あるクライアントの部長による、私たち下請け業者への見下しの言動があまりにもひどく、もうガマンの限界です。あれこれ難癖をつけてきたり、ムチャな納期をゴリ押ししてきたり、最終的には「お前らは奴隷だ」「仕事が欲しくないのか」「誰がカネを払っていると思ってんだ！」などと言ってくる始末。こんな人、とてもクライアントだとは思えませんし、いくら仕事だといってもひどすぎます。もうほとほと疲れ果ててしまいました……。

自分の意思で負けてあげる（フリをする）

おぉ……、見事なまでの反抗タイプですね～。このように**異常に威張ったり、人を支配しようとしたりする人のココロの中には、必ず強い劣等感（自己否定）があります。**優位な立場を乱用し、歪（ゆが）んだカタチで「優越感」を得ることで、劣等感を覚えないようにしているだけ。会社の力（条件）を自分自身の強さとカンチガイしてしまい、それが横柄な態度となって出ている「虎の威を借る狐」です。

まずは、その人のことを「ハズレ」だと思いましょう。人生マジメに生きてきても、残念ながらハズレを引くときは引いてしまいます。自分の中で「どうでもいいカテゴリ」にその人を置いて、観察対象にしてみましょう。その上で、こういうメンドクサイ人を敵に回さないためにも、何はともあれ「肯定」です。**肯定とは、「そういう人なんだ」とそのまま理解し、「戦わない」を選ぶことです（戦うのは反抗です）。**

接触は必要最低限に。あとは軽く「おだてる」「持ち上げる」「愛想笑い」で言うことを多少聞いてあげる。**自分の意思で負けてあげる（フリをする）のは、相手との間に境界線を引いて自分を大切にできる、自己肯定感が高い大人の行動です。**

ただし、無理難題に関してはコチラが潰れてしまいますので、上手に断る練習をしてみてください（次ページのコラム参照）。

そうやって相手との間にココロの距離を保ちながら、「きっと小さい頃、親からしんどい目に遭って、自己肯定感が下がっているんだろうな」「彼もいつか自分を認められるといいなぁ」と生温かい目で理解だけはしてあげましょう。

そしてもし余裕があれば、少しでもその人の良い面を探して、褒めて認めてあげましょう。**自己肯定感が低い人が最も欲しいのは、他者からの「肯定（褒め）」です。**

これをコツコツ続けていくことで、いい関係が結べることもあるかもしれません。しかし、反抗タイプの思考は結局「敵か味方か」なので、すぐに「裏切った」と言い出すこともあるので要注意です。適度な距離を保つことは忘れないように！

良好な人間関係を結べない人もいる、そして、それは相手の課題である。あきらめる（＝明らかにみる）ことが、自分へも他者へも肯定になります。

Column

覚えておきたいコトバ⑪
共感＋キッパリ＋感謝

相手を怒らせない上手な断り方って？

物事を断るときの基本は「キッパリ」です。ただし、ただ「キッパリ」だと角が立つこともあるので、以下のように「共感」「感謝」で挟んであげると、相手に失礼なく断りやすくなります。

「共感」＋「キッパリ」＋「感謝」

【共感】
「それはお困りですね。部長がお急ぎなのもわかります」
【キッパリ】
「しかし、大変申し訳ないのですが、
今回は弊社ではお力になれないと思います」
【感謝】
「弊社を信頼してお声がけいただき、ありがとうございました。
いつもご配慮いただき、本当に感謝しています」

こんな感じで対応すれば、相手もそこまで否定された、逆らわれたと感じることはなくなるでしょう。ぐだぐだと言い訳するよりも、断りやすく誠実さも伝わります。

（まあ、今回のケースのクライアントのように、ここまでヒネくれている“スネ夫くん”にどれほど効くかは未知数ですが……）

上司もまた自分を「まもって」いる

さまざまな調査でも、「会社に行きたくない」と感じる理由のトップは、上司との人間関係がうまくいっていないことなんだ。みんな、これでなんとか攻略できそう？

私の上司、理不尽で怖い人だと思っていたけど、新しい仕事をなんとか前に進めようと必死だったのかなって、ちょっと考えが変わりました。職務に不安を感じているのは私と一緒だったのね。そんな目線で考えたことなかったな。

「まもり」に入ると、自分のことで精一杯になって、相手のことを考える余裕もなくなっちゃうからね。それもしょうがない。だから自分も相手も信頼して、自己肯定感を育てながら、悲観・反抗から自ら抜け出す必要があるんだね。

聴いていて耳が痛い話が多かったよ。上司の「イヤだなぁ」と思っていたところが、そのまま自分の中にもたくさんあるって気付いちゃった。トホホ……。

自己肯定感を、自分、部下、上司と、いろいろな視点から見てみたことで、すごく理解が進んだ気がするよ。みんな同じ「人間」だったってことだ。とはいえ、中には極端にヤバい上司ももちろんいるけどね。

上司には役職による「強制力」があるからね。**反抗タイプの上司は、その立場を自分の力だとカンチガイしてパワハラをしてしまう。だから、それがひどいときは「自分をまもる」とか「逃げる」という考え方も、とっても大切**だよ。

オレ、その「カンチガイ」をちょっとやっちゃっていたのかもしれない……。

大丈夫だよ、たけしはいつも優しいもん！　部下のためを思ってのことだよ。

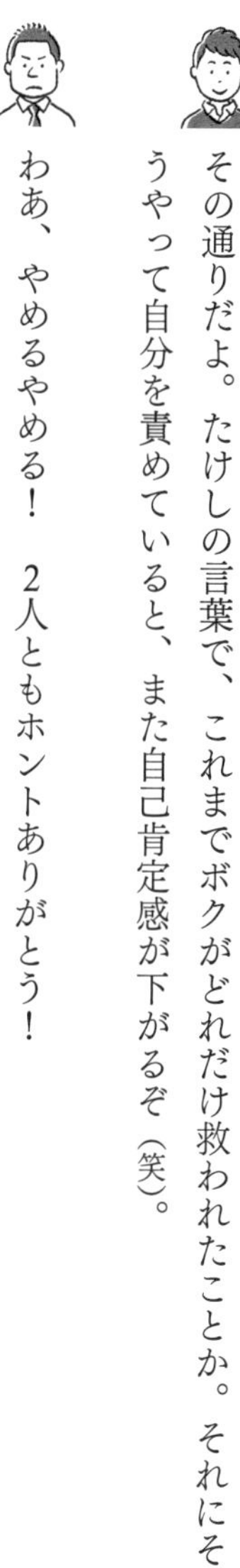

その通りだよ。たけしの言葉で、これまでボクがどれだけ救われたことか。それにそうやって自分を責めていると、また自己肯定感が下がるぞ（笑）。

わあ、やめるやめる！　2人ともホントありがとう！

あとね、**上司との関係性で気を付けることは、「過去の親との関係性」をそのまま反映しやすいということ。**理不尽な父親に反抗してきた人は、敵だと感じる上司に無意識に反抗してしまうだろうし、口うるさい母親に悲観してきた人なら、やっぱり同じように悲観してしまう。幼い頃の「まもり」の自分に意識が戻ってしまうんだね。
そういうときは、おまじないのように「もう、お父さん、お母さんから卒業します」って3回唱えてみるといいよ。

親から精神的に「自立」することと、上司から「自立」することは同じなんだね。上司の言いなりではなく、「自分は自分でいい」と対等な立場で考え、行動できるようになるためにも、自己肯定感が必要なんだね。

そういうこと！　いろいろなケースを見てきて、みんな少しは気持ちがラクになってきたかな？　次の章では、「でもまだ会社行きたくない」という人のために、一問一答形式でバンバン仕事のお悩みに答えていくよ！

第5章

会社のお悩み 一問一答

ケーススタディ33～60

CASE 33

手際が悪く仕事をこなすのが遅すぎて悩んでいます

A 仕事が「遅い」のが「悪い」というのは、ただの思い込みです。「遅い」とは実は「丁寧」ということかもしれません。

今、リアルに怒られているわけではないのなら、上司はそれでいいと思っていて、あなたが自分を否定しているだけかも。ぜひ自分のペースで働いてみましょう。焦ると「丁寧」にもできなくなってしまいます。

CASE 34

キャリアプランとか3年後のビジョンとか言われても思いつきません

A 思いつかないなら、思いつかないでよし！ 無理やりひねり出したところで、モチベーションが伴わないものは実現しないから。

ひとつの会社に奉公し続ける時代は終わりました。3年後、今それを尋ねてきた上司でさえどうなっているかわかりません。キャリアプランを描けない自分はダメなんて決して思わないで。テキトーに答えよう！

CASE 35

どうしてもウマが合わない同僚がいます

A 悲観タイプの人は「人を嫌ってはいけない」と思っているので、ウマが合わない人とも仲良くしなきゃと思いがち。逆に反抗タイプの人は、ウマが合わない人を自分に合わせようと「戦って」しまいます。

ウマが合わない人がいるのは当たり前。最低限の付き合いでいい。「挨拶はするけど、自分からは話しかけない」ぐらいの距離感で！

CASE 36

上司が客先で自分をけなしてきて腹が立ちます

A これ、よくあるんですが、上司が客先でけなしてくるのは、あなたをかわいがっていたり、客に親しみを持ってもらいたいことがほとんど。**あなたが自己否定をしていると、それを反抗的にとらえてしまうかも。**

なので、上司の思いも汲んで「かわいがってくれてありがとうございます。でもあまりうれしくないんでやめて」と伝えましょう。

CASE 37

「できない」「自分なんて」ばかり言う部下に困っています

A 重度の悲観にハマってしまっていますね。そういう人は「がんばれ」と励ましたり、無理やりポジティブに向けようとするのは逆効果。それ自体が相手への否定になってしまいます。

結局「共感」から入るしかない。「できないって思っちゃうんだ、わかるよ」「オレにもそんな時期があった」。そういう言葉が、部下を救うのです。

CASE 38

いい大人なのに仕事で怒られるとすぐに泣いてしまいます

A 泣けるって大事！ **自分のことを大切だと思っているからこそ、人は泣けるんですよ。**そして、泣くことで自分を「まもって」いるんです。

「いい大人なのに」という言葉で自己否定していると、いつまでたっても「悲しみ」の感情が終わりません。「泣いていいんだ」と自分にOKを出して、思いっきり泣いてみましょう。

CASE 39

〆切ギリギリにならないと仕事に手をつけられません

A ボクも同じで、この原稿をギリギリになって書いています（笑）。逆にボクの場合は自分のことを**「ギリギリになったら必ずやれる子」と設定し、肯定しました。**

自分を否定して悩むことに膨大なエネルギーを使うのをやめたら、なんとなくギリギリより前に手を付けられるようになるという不思議。あと、完璧にやろうという考えも手放して！

CASE 40

気が付くと職場でいつも損な役回りになっている気がします

A 損な役回りになるのは、周囲より先に「これがやりたい」と言えないから。幼い日に「私の言うことは受け入れてもらえない」という思い込みや、「弟妹に譲るのが当たり前」といった環境がありませんでしたか？

ちょっと怖いかもしれないけど、自分を一番に優先して主張してみよう。**「ワガママ」って思われるぐらいがちょうどいい！**

CASE 41

新人のなれなれしい言葉が気に入らなくてイライラします

A あなたはきっと「ちゃんとしている」人なんですね。それも大切だけど、**イライラまでいくと、ちょっと自分に厳しすぎるかも。**

新人くんを見習って、少し自分もタメ口をきいてみると、ココロのブロックが外れて自由になれますよ。

その上で、新人くんにマズイ言葉遣いがあれば、反抗心からでなく優しく先輩として指摘してあげてね。

CASE 42

私をいつもバカにして見下してくる同僚がいます

A こういう人は、相手を下げることで自分を相対的に上にして、マウントを取る反抗タイプです。そうでもしないと自分を保てない、残念な人なのです。

あなた自身が自分をバカだと思っていなければ「**バカって言う人がバカ**」なだけ。悲観的でいると巻き込まれるので、「ふーん」とか、つれない対応をしてやってください。

CASE 43

人が怒られていると自分まで同じ気持ちになってしんどくなります

A しんどいときはそのしんどさを否定せず、まずはその場から移動して安全を確保。それから心臓の鼓動や呼吸などカラダの感覚にしばらく意識を向けてみると、落ち着いてきます。

あなたは他人の痛みがわかる繊細で優しい人なんです。その優しさは上手に付き合っていけば、きっとこれからの人間関係にとても役立ちます。

CASE 44

上司や同僚に感謝できない自分ってどこかおかしい？

A 感謝できない人は「受け取っていない人」です。「私には価値がない」と自己否定しているから、相手の施しに対して「申し訳ない」「私がもっとがんばらねば」と自分を責める方向に意識が向いてしまうのです。

「**申し訳ない」という罪悪感ではなく、「ありがとう」で受け取りましょう**。感謝の言葉が相手への一番のお返しになります。

CASE 45

時短勤務中ですが白い目で見られている気がします

A あ、それ気のせいです。**自分の罪悪感**（＝自己否定）**がそう感じさせているだけ。**あなたが休んでいる分、がんばって働いてくれている同僚たちを、そんな優しくない人にしてしまってはかわいそうです。

逆に、本当にそういうことを言ってくる自己肯定感が低い人たちばかりの職場なら、今すぐ辞めた方があなたの身のためです。

CASE 46

どうしても部下を大きな声で怒鳴ってしまう自分がイヤです

A まずは「怒っていいよ」と、**自分に伝えてあげてください。**「怒っちゃダメだ」と怒りを抑えつけていると、余計に大きくなって、ちょっとしたことで爆発してしまいます。

「腹も立つよね」「だってオレ、よくがんばってる」。自分の気持ちを肯定して受け入れてあげたら、自然とその怒りは収まっていき、部下への余裕も出てきます。

CASE 47

いつも不安が大きく積極的に仕事できません

A 行動できる人とできない人の違いはたったひとつ。「不安でも行動する」と決めているかどうかだけ。

不安要素をゼロにすることは不可能です。**不安だけどやってみる、行動してみたらなんとかなった、という経験を積み上げることが、**未来の自分への「信頼」になります。強がらず、弱がらず、不安や怖さは仲間と共有しながらチャレンジ！

CASE 48

褒められるのが苦手で、つい「そんなことない」と言ってしまいます

A ケース44と同じで、とにかく「ありがとう」と感謝の気持ちで受け取るように心がけましょう。

自己否定している人は「自分には価値がない」と思うから受け取れない。でも、受け取らないと一生幸せになれませんよ。

「ありがとう」をコツコツ練習。さらに「あなたもね」と褒め返すことができたら最高です！

CASE 49

部署替えで想定外の仕事をすることになり困惑しています

A あなたには「想定外が想定内」という言葉を差し上げます。

これまで生きてきても、世の中って思い通りにならないことばかりですよね。ということは、想定外のことが起こることが、本来は想定内なわけです。

想定外とは「自分の狭い価値観の外」ということ。想定内にこだわらず、与えられた環境を楽しんで！

CASE 50

なぜだかいつもパワハラ上司やイジワルお局（つぼね）に狙われます

A 完全に悲観が反抗に支配されている状況で、転職しても、どこへ行っても、よほど環境に恵まれない限り同じことが起こります。

彼らは鼻が利くので悲観タイプを嗅ぎ分けますし、**あなた自身の態度が反抗タイプを作り出してしまいます。**もうこれは自己肯定感を育むしか方法がないのですが、まずは安全なところへ逃げて！

CASE 51

上司が「そんなの常識」という言葉で追い詰めてきます

A この世に万人共通の常識なんてものは存在しませんし、人の常識と自分の常識は違います。その常識はその上司の「べきねば」「いけない」という**自己否定**の塊で、それをあなたにも強要しているだけです。

自己否定をしていて大変だなぁ、と生温かい目で眺めてあげてください。こういう人の攻略法はこの本にたくさん書きました！

CASE 52

仕事を干されて閑職に追いやられ腹が立つやら泣けるやら……

A 時間ができてよかったですね！　あなたの価値がわからない会社なら、お金をもらいながら転職に向けた準備をする時間に使いましょう。世界は本当に広いし、仕事も山ほどあります。もちろん、虎視眈々（こしたんたん）と第一線への復帰作戦を練ってもいい。とはいえ、まずは怒りや悲しみに寄り添ってから。**悲観や反抗に費やしている時間はもったいない！**

CASE 53

上司に挨拶しても無視されます。毎日がつらい……

A あなたと上司の現在の詳しい関係はわかりませんが、無視するのは**上司が反抗して「スネている」から**。

愛の反対語は「無関心」と言います。たしかに無視って一番つらい仕打ちですが、「あぁ、あの上司スネてるなぁ。でも私は挨拶したいからする」と考えて、明るく続けてみたらいいと思います。スネている側も恥ずかしくなってくるから。

CASE 54

私がいないと仕事が回らないので迷惑をかけられず休めません

A 大丈夫、回るから。それが会社というもの。でもきっと「悲観・反抗」で仕事を抱えすぎて「自分がいないと回らないシステム」を自分で作り上げてしまっているんですよね。でも、それを放置した上司や職場にも責任はあるんですよ。

勇気を出して一度「迷惑をかけて」みよう。あなたが突然潰れてしまう方がずっと迷惑がかかるんだから。

CASE 55

向上心ゼロで仕事もサボる同僚を肯定なんてできません！

A できないよね（笑）。でも**肯定って「ありのままを認める」こと。**同僚の行動は嫌いなままで構いませんが、「彼はそうなんだな」とそのまま見てあげてほしい。サボった報いは彼が受けるわけだし、彼には彼なりの理由があるのです。

ジャッジしちゃうのは、あなたが自分に厳しすぎて「楽しく」仕事していないからかもしれませんよ。

CASE 56

他人の意見にすぐ左右されるのでもっと強い意志を持ちたいです

A 強い意志を持つのはいいことですが、ひとつ気を付けてほしいのは「強い自分」が行きすぎて「かたくなな自分」になってしまうこと。そうすると敵をたくさん作ったり、「正しさ」を掲げて戦っちゃうかも。

強さは、ある日ポッキリと折れてしまうかもしれません。**「しなやかで柔軟な意志」を持った人こそ、自己肯定感が高い人**ですよ。

CASE 57

「あなたのためを思って」という上司の言葉がウザいです

A 「あなたのために」という言葉はほとんどの場合、ただ言うことを聞かせたい、相手より優位に立ちたい、自分の不安の押し付けなど、**自分の都合を人のせいにするズルい言葉**です。だからスルーするか、感謝するフリで切り抜けましょう。

特に悲観タイプの人は、この言葉で「自分が悪いんだ」と考え、支配されがち。気を付けて！

CASE 58

「やりたい仕事は」と聞かれても特にないので困ってしまいます

A やりたいことや好きなことがわからない。これは他人や親の顔色ばかりうかがって、自分の「好き」や「したい」という気持ちより「べきねば」に従ってきた結果です。これからは、「好き」や「したい」に従って行動していくと、「**やりたいこと」が見えてくるかも。**もしくは、今の仕事が本当にあなたと合わないだけかもね。

CASE 59

部下の意見にすぐこちらの意見を被せてしまいあとから後悔します

A まずは「聴く」と決めましょう。いや、**聴くというよりも「口を閉じる」と決める**のがいいです。あとは、内容はどうあれ「首を縦に振る」こと。それが相手に「わかってもらえている」という安心感を与えます。

ひとしきり聴いてから、「なるほど、そう思うんだ。ありがとう。私は～」と話し始めれば、部下の否定にはなりません。

CASE 60

なぜだか、とにかく、漠然と会社に行きたくない！

A 「会社行きたくない」という気持ち、この本を手に取ってくださった方なら、みなさんが感じていると思います。しかし、もしそんな気持ちが毎日続くようなら、**潰れる前に一度、会社から離れましょう**。

パワハラ上司、嫌いな業務など理由が明確なら、対処の仕方もあるでしょう。でも「なぜだかとにかく」と理由がわからないようならかなりヤバい。自分の気持ちや感情を「べきねば」「いけない」で否定しすぎて、自分が何を考え、感じているのかも、もうわからなくなっているのかもしれません。

もう一度、自己肯定感の図（26ページ）を思い出してください。**「あなた＝仕事」でもなければ、「あなた＝会社」でもありません**。あなたのオプション条件でしかない仕事が一時的にできなかったり、会社を手放したりしても、あなたの価値は変わりません。

だからまずは「会社行きたくない！」「いやじゃー」と口に出して自分の気持ちをしっかり肯定してみましょう。次に、会社から距離を取りましょう。ココロの土台を立て直すために休むのです。仕事から距離を置いたところでゆっくり、どうしたら自己肯定感を育てながら働けるのか、考える時間を持ってみてください。

休むこと、退職することは甘えではありません。自分の気持ちを大切にし、自己肯定感を取り戻すための大切な第一歩なのです。

最終章

会社に行きたい人になる！

必要なのは２つの「ゆるす」

今日はいろいろ教えてもらって、なんだか人生の謎解きができたみたいだわ！　話を聴いただけで、自己肯定感が上がった気がする！

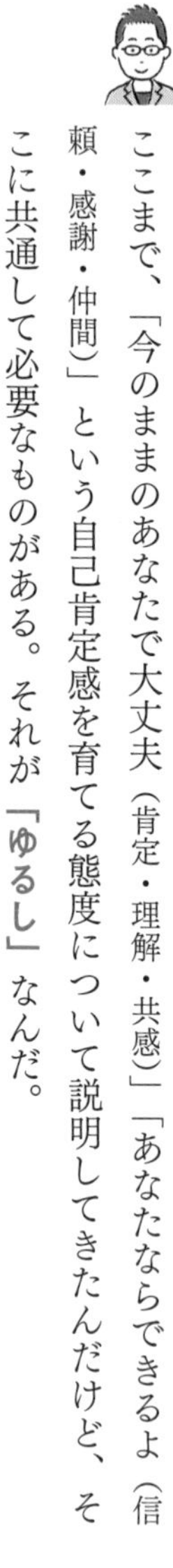

自分は自分のままでいいし、上司も部下もその人のままでいいんだね。いやぁ、難しいけど、話を聴いたからには、少しずつ考え方を変えていくしかないね！

ここまで、「今のままのあなたで大丈夫（肯定・理解・共感）」「あなたならできるよ（信頼・感謝・仲間）」という自己肯定感を育てる態度について説明してきたんだけど、そこに共通して必要なものがある。それが**「ゆるし」**なんだ。

「ゆるし」かあ。たしかに、今日の話の中で、厳しく自分を責めてきた私を、どこかで「ゆるして」あげなくちゃって思ったわ。

オレも、部下たちが勝手にサボってると思っちゃって、どうしても「ゆるす」ことができずにいたけど、それを手放せるかもしれないと感じたよ。

「ゆるし」がないと、お互いがお互いを裁き合うことになってしまって、きっと「安心・安全」は感じられないよね。

「ゆるし」って固い言葉だけど、「ま、いっか」「しゃーない」って肩の力を抜いて、**ありのままを受け入れて肯定すること**、って考えてもらえたらいい。上から目線で「お前をゆるしてやる」みたいな堅苦しいものじゃないんだよ。

なるほどね。それなら「ゆるす」ハードルが下がった気がしてホッとしたよ。

それでね、実はこの「ゆるす」には、2つの「ゆるす」があるんだ。

2つ？　自分や他人を「ゆるす」の他に？

ここまで説明してきた「ゆるす」は、漢字で書くと「**赦す**」。これは「赦免」とか「恩赦」とかで使われる字だね。「刑罰や義務を免除する」という意味だよ。「罪を赦す」「税を赦す」みたいな感じ。

自分に厳しすぎる人は、自分に「罪がある」と思っているのかもね。だから自己否定して、自分を罰している状態を「赦す」んだね。これが**自分自身への「無条件の肯定」**ってことだ。

小さい頃から作ってきたココロのクセ、**つまり自己否定や「べきねば」「いけない」といったルールから自分を赦す**のね。

「成長すべき」は「成長したい」に変えていくんだったね。成長も努力も、どうせするなら楽しくしたいもんな。

そうそう。それができるようになってきたら、次に必要になってくるのが、「**許す**」という方の字だ。こちらは「自由にさせる」「聞き入れる＝ＯＫを出す」という意味

で、「外出を許す」とか「運転を許す（免許）」のような使い方だね。つまり、**自分への「許可」**だよ。

自分への許可？

罪深い人間だとカンチガイしている自分を「赦し」、その縛りから解放されたら、今度は「自分自身の素晴らしさ」や「自分の可能性」に許可を出していくのさ。たとえば、こんなふうにね。

「自分の思った通りに生きてもいい」
「自分らしくいることで周りを幸せにしていい」
「私の未来は希望と可能性にあふれていていい」

ステキ！「私はもっと輝いていい」って許可すればいいのね！

これが、自己肯定感で整えた土台の上に、自分らしくどんどん条件を積み上げていっていいという**成長発展の「許し」**だよ。

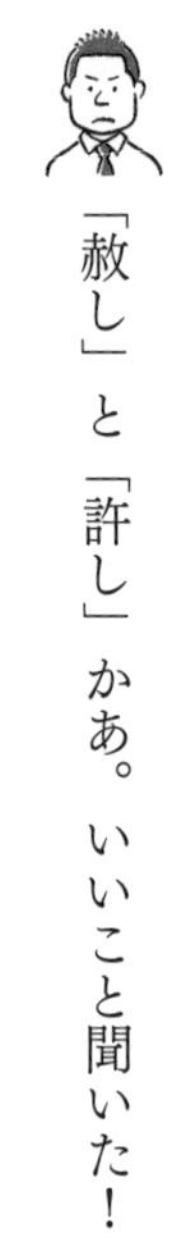
「赦し」と「許し」かあ。いいこと聞いた！　今度、部下にも教えてあげよう！

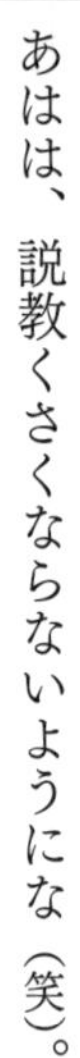
あはは、説教くさくならないようにな（笑）。

ああ、気を付けるよ（笑）。

自由になって、「自分で選べる人」になっていい

この「ゆるし」の正体は、実はあなたが小さい頃、お母さんやお父さん、先生から欲しくて欲しくてたまらなかった、「いいよ」って言葉なんだ。

「もうそんなに自分を責めなくていいよ」
「甘えていいよ」　「頼っていいよ」　「信じていいよ」
「迷惑かけてもいいよ」　「心配かけてもいいよ」

「負けてもいいよ」「逃げてもいいよ」「失敗してもいいよ」
「間違えてもいいよ」「途中でやめてもいいよ」
「思ったことを言ってもいいよ」「休んでいいよ」
「無理しなくていいよ」「怒ってもいいよ」「泣いてもいいよ」
「イヤだって言っていいよ」「笑っていいよ」
「自分で決めていいよ」「好きにしていいんだよ」

ああ、その言葉、ホントにホントに欲しかった……。

そんな言葉、自分にはもらえないと思っていたよ。

そうやって、いっぱい「逃げちゃいけない」「迷惑かけるべきではない」と自分を縛って、一生懸命に生きてきたんだね。「いけない」や「べきねば」も、小さい頃は家族や学校の中で居場所を作るために必要だったんだ。

　でもさ、もうみんな大人だから、その自分への縛りを手放しても大丈夫。**もう自由になって、「自分で選べる人」になっていいんだよ。**これからは自分に「いいよ」って

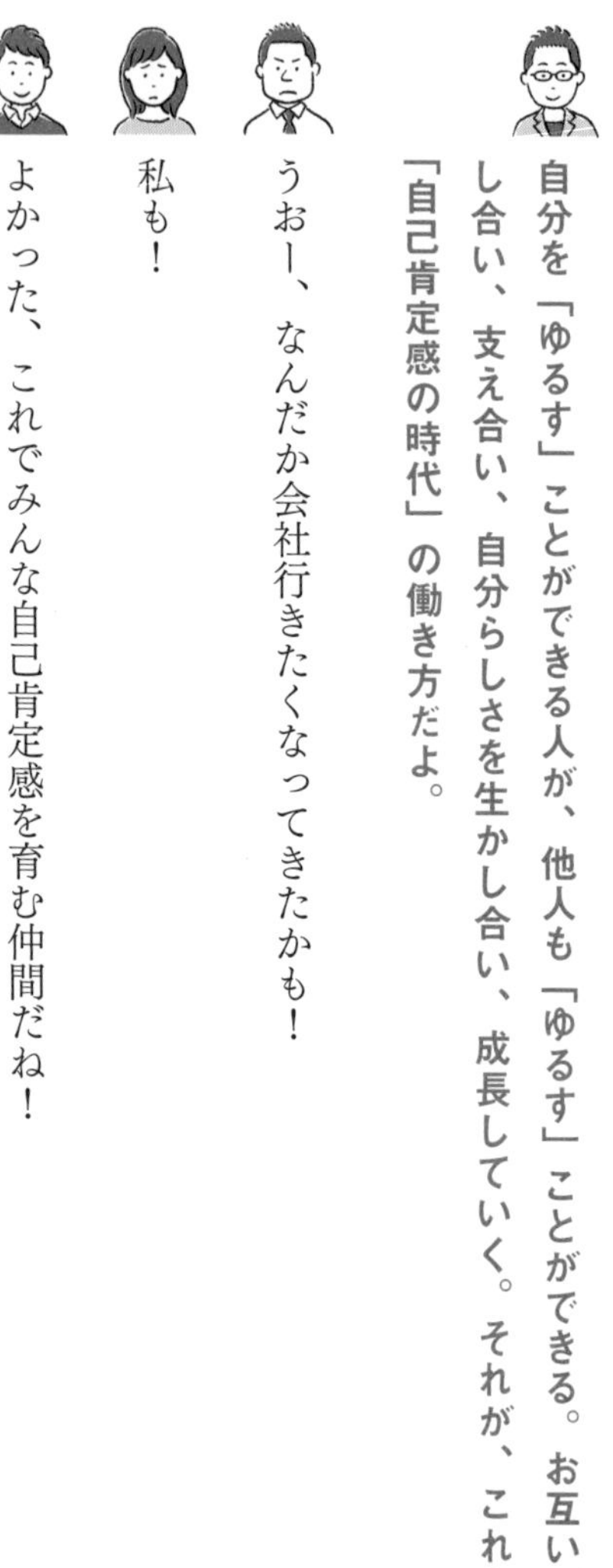
言葉たちをいっぱいかけてあげてほしい。それは弱さじゃない。本当の強さへの「ゆるし」だから。

それが「赦し」で「許し」。それが自己肯定感ってことなんだね。なんだか、すごく力が湧いてきたよ！

自分を「ゆるす」ことができる人が、他人も「ゆるす」ことができる。お互いがゆるし合い、支え合い、自分らしさを生かし合い、成長していく。それが、これからの「自己肯定感の時代」の働き方だよ。

うおー、なんだか会社行きたくなってきたかも！

私も！

よかった、これでみんな自己肯定感を育む仲間だね！

自己肯定感は、コツコツと一生積み上げていくものだから、ボクもまだまだ続けていくよ！　だからボクも仲間に入れてもらっていいかな？

もちろん大歓迎です！　これからもよろしくお願いします！

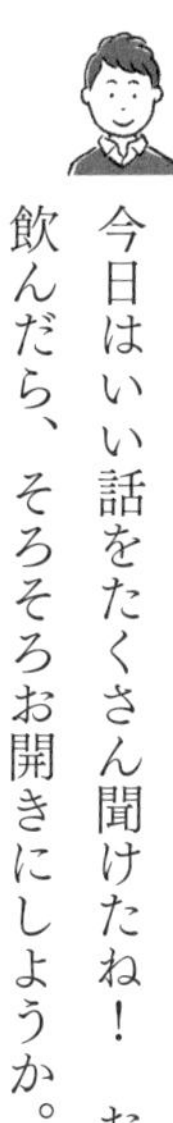

今日はいい話をたくさん聞けたね！　おっと、気付けばもうこんな時間だ。あと一杯飲んだら、そろそろお開きにしようか。

では、僭越（せんえつ）ながら、私めが音頭を取りまして、「ここに、我々4人が自己肯定感を育む安心・安全の仲間であることを宣言します！」

かんぱーーーーい！

あとがきにかえて

メンタルがラクになること、自己肯定感を手に入れること、これらをものすごく簡単に言うと、「素直になる」ということです。

「素直」を辞書で調べると、こう書いてあります。

考え、態度、動作がまっすぐなこと。
ひがんだところがなく、人に逆らわないこと。
心が純真さを失っていないこと。

出典：グーグル日本語辞書（Oxford Languages）

つまり、「自分の気持ちに正直でいること」だと思います。

「素直」な人は、人に好かれるだろうし、生きやすいだろうというのは、感覚的に誰にでも想像できると思います。

「素直」の反対は「意地っ張り」とか「かたくな」「ひねくれ」です。

小さい頃、「もっと素直になりなさい！」「素直じゃない子ねぇ」とお母さんに怒られたり、呆れられたりしたことがある人は多いと思います。そして、素直で親や先生に愛される子たちを見て、うらやましくて、妬ましくて、腹立たしくて、悲しい思いをしていた、という記憶がある人も多いかもしれません。


素直になるにはどうしたらいいのか？


素直になるには、「素直になりなさい！」とお母さんみたいに自分を叱る方法ではうまくいきません。

なぜならば、「ひがんで、人に逆らい、心が純真さを失っている」ような、「ひねくれている自分」にそんなことを言っても「よりひねくれ」「より意地っ張りになり」「よりかたくなになる」だけだからです（笑）。

考えてみれば当たり前ですよね。人ってそういうもんです。

では「素直じゃない」、つまり「意地を張って」いるのはなぜかというと、結局は「自分を守っている」からです。

なんらかの自分の望み通りにならない状況、自分を脅かす状況に対して「かたくな」になることで自己防衛しているのです。

そして、自分で自分をかためたくせに、かためすぎて、もうその防御を解除する方法も忘れてしまったのが、今のあなたなのかもしれません。

じゃあ、どうすればいいのか？

最初に「素直」とは「自分の気持ちに正直でいること」だと言いました。

だから「ひねくれて」「意地を張って」「かたくなで」「ひがんで」「悲しんでいる」自分の気持ちに正直になりましょう。

「ああ、自分、意地張ってんだな」
「ああ、かたくなになって守ってるんだな」
「ひがんじゃうよな」

「悲しいよね」
「そうかそうか、当然だ」
「わかるよ」

そうやって自分の気持ちを正直に認めて、一度しっかりと寄り添ってあげることができたなら、あなたのココロは「理解してもらえた」と安心し、いつしか「素直」に戻ることができるのです。

「素直になれ！」「素直にならなきゃ！」というのは今の自分の気持ちへの「否定」です。「否定」したら「反抗」され、「防衛」されます。

だから「防衛」している人には、「その心情を理解し、仲間になってあげる」しか、和平への道はないのです。

一般的には「自分の気持ちに正直になる」「素直になる」という言葉は、「ポジティブでフラットな人になる」という意味だととらえる人が多いと思います。

でも「素直」になるためには、一直線にポジティブでフラットな人を目指すのではなく、〝今〟のネガティブでかたくなな自分に対して素直になり、「無条件の肯定」をしてあげないとたどり着かないという、とても大きなパラドックスが隠れています。

「そりゃあ、スネちゃうよね」

「うん、わかるわかる」

そう自分に伝えられること、自分の気持ちに正直になることが、本当の「素直さ」であり、これが「自己肯定感を育む」ということなのです。

＊　＊　＊

この本は、あるときから、悲観し反抗して生き続けてしまい、その結果3回も会社を休職してしまったボクが、四苦八苦しながら「素直さ」を取り戻しつつ、自己肯定感と人間関係を育んでいった経験をもとに書きました。

2019年と2020年に発売させていただいた2冊の「無敵シリーズ」では、

「自己肯定感の詳細理論」と、「ネガティブ感情のトリセツ」について書きました。

その後、たくさんの反響をいただく中で、この2冊を具体的に自分の状況に落とし込むにはどうしたらよいかというご質問やご相談をたくさんいただくようになりました。そのご相談にお答えするカタチで、前2冊の「実践編」という位置づけで書いてみたのが、この本です。

たくさんの方々にご協力いただき、多くのリアルな「職場のお悩みケース」を盛り込むことで、実際の会社でのトラブル解決法を、私なりの切り口で解説させていただいています。

この本を読むことで、「会社行きたくない……」と感じていたみなさんが、「会社行くのも悪くないな」「ちょっと行きたくなってきたかも」と感じ、自己肯定感を育む最初の一歩を踏み出す勇気を得てもらえたなら、著者としてこんなにうれしいことはありません。


今回も的確な助言と編集で素晴らしい本を作ってくださった株式会社小学館クリエイティブの酒井徹さん、寺澤薫さんのおふたりに御礼申し上げます。

この本のため、お悩みをお寄せくださったメルマガ読者のみなさま、小学館クリエイティブのみなさまに感謝します。

最後に、執筆中いろいろ助言をくれた友人たち、日々ボクの活動を支え見守ってくれている佳代子さんに、御礼を申し上げます。

参考文献

『アドラー式働き方改革 仕事も家庭も充実させたいパパのための本』
（熊野英一著、小学館クリエイティブ）

『アドラー心理学教科書』
（野田俊作監修、現代アドラー心理学研究所編、ヒューマン・ギルド出版部）

『嫌われる勇気―自己啓発の源流「アドラー」の教え』
（岸見一郎、古賀史健著、ダイヤモンド社）

『自己肯定感、持っていますか？
あなたの世界をガラリと変える、たったひとつの方法』
（水島広子著、大和出版）

『世界最高のチーム グーグル流「最少の人数」で「最大の成果」を生み出す方法』
（ピョートル・フェリクス・グジバチ著、朝日新聞出版）

『ハーバードの人生を変える授業』
（タル・ベン・シャハー著、成瀬まゆみ訳、大和書房）

『ポリヴェーガル理論入門：心身に変革をおこす「安全」と「絆」』
（ステファン・W・ポージェス著、花丘ちぐさ訳、春秋社）

『「ポリヴェーガル理論」を読む ーからだ・こころ・社会ー』
（津田真人著、星和書店）

『ミレイ先生のアドラー流勇気づけ テレワーク・在宅勤務トラブルサポート：
産業保健スタッフ・ビジネスパーソンの悩みを解決！』
（上谷実礼著、メディカ出版）

『愛と勇気づけの親子関係セミナー（SMILE）』テキスト
（有限会社ヒューマン・ギルド）

著者紹介

加藤隆行（かとう・たかゆき）

ココロと友達オフィス代表／心理カウンセラー。

1971年生まれ。愛知県名古屋市出身。

幼少より内気で病弱だったこともあり、劣等感が強くコミュニケーションの苦手な子に育つ。福井大学大学院工学研究科卒業後、SEとしてNTTに入社。インターネット黎明期よりOCNなど関連サービスの企画開発に携わる。激務の中、30歳のとき体調が激烈に悪化。3度の休職と入退院を繰り返し、しだいに自身のココロと向き合うようになる。2015年に退職し、心理カウンセラーとして独立。「自分自身と仲直りして優雅に生きる」をコンセプトに、アドラー心理学、心屋塾、認知行動療法、交流分析、脳科学、瞑想などを組み合わせた独自プログラムを開発し、東京を中心に全国でカウンセリングやセミナーを開催している。愛称は「かとちゃん」。

- 著者ブログ「ココロと友達」
  https://ameblo.jp/kussblue/
- 著者メールマガジン「自分自身と仲直りして優雅に生きる」
  ＊無料カウンセリング、オンラインサロンの情報もこちらから
  https://www.reservestock.jp/subscribe/62235

ブックデザイン	小口翔平＋阿部早紀子＋須貝美咲（tobufune）
イラスト	白井匠（白井図画室）
編集	酒井徹＋寺澤薫（小学館クリエイティブ）
校閲	宮地省五

「会社行きたくない」気持ちがゆるゆるほどける本

60のケーススタディで自己肯定感が高くなる

2021年4月28日　初版第1刷発行

著者	加藤隆行
発行者	宗形康
発行所	株式会社小学館クリエイティブ 〒101-0051 東京都千代田区神田神保町2-14 SP神保町ビル 電話0120-70-3761(マーケティング部)
発売元	株式会社小学館 〒101-8001 東京都千代田区一ツ橋2-3-1 電話03-5281-3555(販売)
印刷・製本	中央精版印刷株式会社

　ISBN 978-4-7780-3564-8

シリーズ既刊紹介

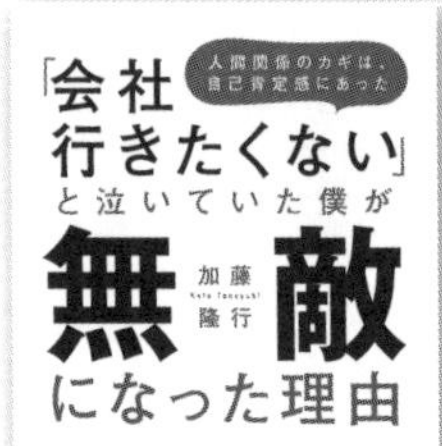

「会社行きたくない」と泣いていた僕が無敵になった理由

加藤隆行 著

自己肯定感を育めば、あなたの敵はいなくなる。心理カウンセラーの著者が、がんばっているあなたに寄り添うコトバと、元システムエンジニアならではの分析力で、職場の人間関係に苦しむ人に根本的な解決方法を伝授します。

「また怒ってしまった」と悔いてきた僕が無敵になった理由

加藤隆行 著

「また怒ってしまった」と、激しく後悔することはありませんか？「怒ってはいけない」と思っているのに、ついカッとなってしまう。そんな怒りやイライラ、不安の感情をコントロールするのが苦手な人に、対処法を教えます。

本書を読んでくださったあなたへ

「自己肯定感」のことがもっとわかる動画をプレゼント！

◀登録はコチラから